律师观察录

置身丛林

以案沉思家庭教育实录

李 辉 著

华中科技大学出版社
http://press.hust.edu.cn
中国·武汉

图书在版编目（CIP）数据

置身丛林：以案沉思家庭教育实录/李辉著. -- 武汉：华中科技大学出版社，2025.6. --ISBN 978-7-5772-1564-8

Ⅰ.D922.165

中国国家版本馆CIP数据核字第2025EX3238号

置身丛林：以案沉思家庭教育实录   李 辉 著
Zhishen Conglin: Yi An Chensi Jiating Jiaoyu Shilu

策划编辑：郭善珊
责任编辑：张 丛 田兆麟
封面设计：伊 宁
责任监印：朱 玢
出版发行：华中科技大学出版社（中国·武汉）　电话：（027）81321913
　　　　　武汉市东湖新技术开发区华工科技园　邮编：430223
录　　排：九章文化
印　　刷：文畅阁印刷有限公司
开　　本：880mm×1230mm　1/32
印　　张：7.125　　插页：2
字　　数：165千字
版　　次：2025年6月第1版第1次印刷
定　　价：55.00元

置身丛林，何去何从？

之所以写这本律师观察录，是因为我心里有着强烈的分享欲望和执念。

这十几年来，作为专业的教育律师和婚姻家事律师，随着处理的涉校案件、婚姻家事案件、青少年突发情况案件越来越多，我越来越发现，在今天的家庭、学校、社会三位一体的教育生态系统中，在很多事情上，我们往往忽视了这个系统的核心——孩子们的观感和体验，忽视了他们作为教育生态核心要素的被动性、能动性，以及他们观察问题、感受问题、反馈问题的第一视角。

青少年的人生，可以说很大程度上是被父母操控的，也在个别重要时刻、重要事件中，被决策和处置这些重要事务的成年人——父母、其他监护人、教师、律师、心理专家、教育行政和公检法等人员所影响和左右。

人们常说，律师办案，其实是在办理他人的人生，我深有同感。

我们所办理的大量成年人案件，特别是婚姻家事案件，其实影响的并非只是作为委托人的成年人的人生，更是那些被监护的青少年的人生。

　　无奈在众多案件的处置过程中，作为未成年的青少年是被动的，他们尚不能独立发声，往往只能附着于监护人的意思表达，受制于监护人的决策。可是，成年前的人生，或许是一个人最重要的人生阶段。往往人生幸与不幸的底色，都在青少年时期已成形。遗憾的是在这个最重要的阶段，他们作为未成年人，很难左右自己的人生。

　　随着办案经验的积累，我越来越感到，我们成年人在处理此类事务时，必须让自己拥有第三只眼睛。要经常跳到局外，加强对未成年人的关怀和关注。

　　当然，办案时，我有这种感受和思维也和我的个人经历有关。我身上兼具教育人和法律人的双重特征。

　　我曾是一名科班出身的教育工作者，有教育学和心理学的专业背景，曾当过十几年的大学教师。在我担任大学教师期间，我的课一直被同学们喜欢，我知道他们喜欢什么样的老师和课程。我也取得了日本神户大学的法学博士学位，曾是国内外优秀教育的体验者。我了解有意义的"教与学"是一组什么样的关系。一路走来，我深知孩子们求学路上的欢乐与艰难，能跟他们同频共振。

　　我还是一名律师，十几年前辞去大学教师和学院的管理职务，专注于教育和家事领域法律服务。十几年来，我办理了数百起教育案件和家事案件，担任着几十所大、中、小、幼学校的法律顾问，处理众多的学校法律事务。与此同时，我还在大学任兼职教授，教大学本科生，为中学生开课，为中小学的老师们和家长们进行过几百场的培训，涉及法治问题、学校教育和家庭教育诸多领域。

在这样的工作中，我能了解学生所思、学校所想、家长所求。此外，我也是一名中学生家长，为子女的成长不断在进行着教育的反思和自我提升。

这一切都使得我有了一个综合的视角——既作为律师又作为家长，还作为校方法律顾问，更作为孩子们喜欢的老师，在这样多个不同的身份当中，不断切换，不断去感受：孩子们真正需要什么；我们要为他们解决什么；怎样才能真正有助于他们成长。这使得我在很多案件中，有了越来越多关于教育和家庭问题的多维观察和思考。

另外，身为律师，一些案件结案后，我和当事人成了十几年的朋友。这使我有机会看到，一个十几年前的案件，当年的各种决策，在十几年之后，是怎样对这个家庭中青少年的人生产生影响的。家庭在解体、重组、发生变故之后十几年的发展轨道当中，又是什么样的要素是产生青少年问题的根源。

所以，律师办理的不只是委托人当下的人生，还是某个家庭中青少年十几年之后的人生。对于家庭而言，律师办理的不是一个个体的人生，而是很多个体的人生。

本书呈现的案件，类型繁多。有的是纯粹的家事案件，比如最典型也是数量最多的离婚案件、抚养案件；有的是家校冲突案件；有的是青少年侵权案件；有的是学生自伤案件；甚至有的是治安案件、刑事案件……在这些案件当中，值得我们观察和思考的视点当然很多，但是家庭、家庭教育问题是我关注的焦点。

对大部分家长而言，很少有机会去接触这么多不同类型、不同视角、影响青少年成长的案件，也很难有意识去了解子女所在的青少年群体会出现什么样的案件类型，我们要给予他们什么样的特别关注。

这些案件，对很多家长来说，仿佛是一片未知的丛林。作为家长，我们日常拥有的只是自身对自家孩子的一种自上而下的单一视角，很少看到孩子背后的整片森林。

一叶障目，不见全貌。

未见森林，怎知个体？

很多时候，我们只有见识了足够多的样本，将自己置身于众多家庭问题和教育问题的丛林中，才能切身感受到丛林中的风雨雷电，才能跳出监护人单一局限的视角，看到影响孩子们成长变化的综合的教育生态，以此获得启发，反思我们自身的家庭问题，改善家庭环境，给孩子打造良好的教育生态。

基于这样的想法，我整理了自己的一些办案实录，撰写了这本律师观察录。写作中，我隐去了所有案件的敏感信息，每一位人物用的都是化名，案件的时间、地点、环境、家庭背景、人物性格等也都进行彻底的艺术化处理，没有一个案件是原貌原人物原家庭呈现，但每个案例背后都有真实的人生故事。

为了让读者有亲临现场的感受，我还是使用了第一人称，带您一起走进他人的人生。

让我们以他人的案件为参照，用参与者的视角，去体验、观察、思考，去寻求对我们生活和教育的启发，去重悟家庭教育本来应有的内涵，回归和重塑青少年家庭教育应有的样态。

这就是律师观察录——《置身丛林：以案沉思家庭教育实录》的由来。

愿这本观察录于你我之家庭，之教育，皆有启发。

让我们置身在丛林中，观他人，知自身，爱护孩子，护佑青少年健康快乐成长。

李辉

2024 年 12 月 28 日

目 录

时间
与
空间

CHAPTER 1

我们说教育，往往局限在教育领域讲教育。

　　我们谈案件，往往局限在法律领域看法律。

　　可是，当我身为律师，经历了众多青少年教育案例之后，抚案沉思，竟然发现大量的青少年案件，其家庭教育问题往往都和时间与空间有着紧密的联系。

　　拉开时空，跳出局外，看案件，看教育，才能看到真相和全貌。

　　时间是什么？它是量的积累，是光阴的累积。一个家庭的日常教育不足，会在长年累月之后，在时光机的另一端呈现出家庭教育问题带来的教育质变。

　　所以，时间不只是一个问题的放大器，更是一个巨大的熔炉。好的教育，会因为时间，聚沙成塔；坏的教育，也会因为时间，积水成渊。我们是将孩子锻炼成钢，还是将好好的材料熔炼成废铁，只有透过时间，才可以看出问题所在。

　　时间，有着洪荒之力，会让一切无所遁形。

　　空间是什么？是自由，是独立，是摆脱控制，是横向跨越，是松弛发展。

　　家长们常为青少年青春期的叛逆而头痛，为此不断加强监管，可是孩子越管越反。每一个青春期的孩子，内心都有自我的独立宣言，他们想为自我争取独立的物理空间和精神空间。而我们家长要做好教育，维系好亲子关系，也必须有自己的精神余量和物质余量。

　　没有余量的生活是压抑的，没有空间的教育，是窒息的。

　　身为监护人，我们要敬畏时间与空间，领悟并遵守家庭教育的规律。

1

做父母
不需要考试吗?

楔子

父母离异,父爱缺失,母爱扭曲。

在父母离婚后的第十年,步入青春期的女儿有了轻生的念头,并开始质疑:"为人父母不需要考试吗?他们有做父母的资格吗?"

"李律师,你说,我爸爸妈妈真的爱我吗?他们干吗草率地生下我?他们有资格做父母吗?"

问出这番话的,是我十年前代理的一个离婚案件当事人的女儿。父母离婚时,她才5岁。父母离婚后,她始终跟随母亲共同生活。这次,当我再见到她时,已经过去了十年。

这是一个周日的下午,我突然接到一所学校老师的电话，说是有个学生在家里跟母亲闹得不愉快，登上了20层高楼的楼顶，"俯瞰众生"。孩子的母亲发现后，惊慌失措。邻居帮她拨打了"110"报警电话，她本人马上给学校老师打了电话，向学校求助。

学校接到求助后，立即向有关部门做了汇报。同时，校长带着班主任和心理老师赶赴现场。公安、医护及相关部门的人员也都到了现场。

各方力量通力协作，最终把孩子劝服。心理老师立刻分别对孩子和家长进行心理疏导。

为妥善做好后续工作，学校也邀请我作为教育律师来参与这件事情的处置。我也到了现场。没想到在现场我一眼便认出这对旧识母女——十年前一个离婚案件的当事人以及她当时年仅5岁的女儿。

当年，女孩父母离婚时，这位母亲曾多次带这个女孩一起处理事务，我对她的印象非常深刻。她活泼可爱，聪慧机敏，眼神明亮，谈吐不凡。她的父母都是名校毕业，不论是先天遗传基因，还是后天教育条件，女孩的条件明显都很好。我曾想，如果父母在离婚过程中能妥善照顾她的感受，离婚后能携手处理好抚养问题，凭着聪慧的资质，她可能会有一个不错的将来。

可令人意外的是，踏上楼顶的怎么竟是她呢？

女孩显然对我也有清晰的印象。当年她父母的离婚案件十分复杂，诉讼时间长，离婚后还发生了一系列纠葛，我陪伴了她们母女很长的时间，彼此建立了信赖关系。这天她见到我后，依然对我表现得非常信赖。心理老师见状，立刻邀请我加入对孩子的心理疏导，希望借此让孩子放下戒心，敞开心扉。

这次疏导，让我有机会对身处青春期的"叛逆孩子"有了深刻认识，从孩子叛逆的外在表象走入她纠葛复杂的内心世界。这次跟孩子的交谈所激荡起的涟漪，甚至影响了后续我对婚姻家事案件的处理细节。此后，我在代理婚姻家事案件时，无论是代理女方还是男方，我都不厌其烦地强调一个视角：千万别忽视了孩子！为人父母，不能只想着立即解决自己当下的麻烦，解除婚姻枷锁，而一定要认真负责，以发展的眼光，去看待子女当下以及今后可能会面临的人生困境，共同安排好孩子的生活，共同承担抚养、教育责任。不可为自己当下的自由和利益，牺牲孩子的人生幸福。

随着交谈的深入，我渐渐了解了女孩在父母离婚后的生活状况。

女孩说，她的爸爸在离婚后，就从她的世界消失了。这十年的时间，爸爸没有给过她一分抚养费，没有给她打过一通电话，没有探望过她一次。

孩子望向窗外，怅然若失地回忆，在父母离婚前，爸爸应该还是很爱她的。她常常回想起，当年爸爸出差回来，总是一进门，放下背包，就迫不及待地把她搂进怀里，很亲热。

她说："我敢肯定，那时候，爸爸一定是爱我的。"

"可是，李律师，你说人的感情是那么容易切断的吗？

"感觉我跟爸爸的感情，就像是一根脆弱的黄瓜，一切，就断了。而那把刀就握在爸爸手里。爸妈离婚后，我就再也没有爸爸了。"

孩子难得打开了心扉，内心积攒的情绪，一发而不可收。

"李律师，我知道，爸爸妈妈的婚姻是失败的，所以他们才要离婚。我也知道，大人离婚有自己的原因。妈妈留不住她老公，一定有她的问题。可是，我想不明白的是，我，作为女儿，为什么留不住爸爸呢？爸爸可以跟妈妈离婚，可以不跟我们住在一起，可他永远都是我的爸爸啊！他怎么能把我对他的感情一刀斩断呢？我就那么不值得爸爸爱吗？"

孩子的话越来越多，情绪越来越激动。看来在她父母离婚后，父亲在她的生活里完全缺位了。十年来，父爱的彻底消失给她造成了极大的伤害，甚至让她质疑自己是不是不值得被爱？

我们又聊起了另外一个话题，父母离婚后，她跟妈妈共同生活的感受。在我的印象里，她妈妈应该是极爱她的，当初为了争夺她的抚养权，还放弃了很多财产。

女孩说："自从我上初中后，我感觉妈妈很内疚，又很焦虑。她内疚，是因为她觉得没能给我一个完整的家，她认为我没有爸爸都是她的错。她焦虑，是因为我出身在这样一个单亲家庭，她怕我将来会被人瞧不起。她给了自己很大的压力，也给了我很大的压力。

"她拼命地赚钱，想给我优渥的物质条件；给我预铺高中、大学，甚至出国深造的道路，想让我一路坦途；她希望我能全面发展，给我报了各种兴趣班，我的周末除了钢琴、美术、舞蹈，还有文化课……她快要把自己累死了，也快要把我累死了。

"她活得像个陀螺，为我而活；她把我也搞得像个陀螺，为学习而存在。可是，在我看来，钱没那么重要，前途也没那么重要，学习没什么乐趣。我烦透了。"

心理老师问她："那么，你对自己的将来是怎么打算的呢？"

她说："我无所谓将来，现在已经这么痛苦了，只要痛苦少点儿就行。我厌烦妈妈，她自己婚姻失败还要'折磨'我；我厌烦同学，他们被父母宠溺，我忌妒。他们轻而易举就有的东西，为什么我没有？爸爸曾给我的宠爱烟消云散，如今妈妈的爱让我倍加痛苦，他们没有一个人在乎我的感受。难道你们大人都这样吗？都不需要考虑孩子的感受吗？"

接下来，她问出了开篇那句话。

"李律师，你说，我爸爸妈妈真的爱我吗？他们干吗要草率地生下我？我做学生都要不断地接受考试，他们做父母，难道就不需要事先考个试吗？考试如果不及格，就不要做父母啊！"

女孩问出了这个灵魂之问。在这个提问里，显然她已经给自己的父母下了论断，在她看来，她的父母根本不具备做父母的资格。

对孩子的心理疏导结束后，另一组给家长的心理疏导也结束了。

我们跟孩子的妈妈又交流了一会儿，交谈的结论——父母离婚导致孩子成长环境巨变，离婚后十年中父亲对孩子抚养和探望彻底缺失，母爱中夹杂的焦虑、不安、内卷、扭曲，经年累积，"水滴石穿"，各种负面因素侵蚀孩子身心，成了影响孩子身心健康发展的最大障碍。而孩子对这些困境的反击，被周围人冠以"不懂事""偏执""叛逆"等"青春期逆反"的标签。抗争无望，孩子最后竟踏出了以轻生求解脱的一步。

跟这位母亲和她的女儿交谈过后，我回首十年前那件离婚案的办理过程。当初孩子父亲为了争夺更多的夫妻共同财产，采用了极端偏执的手段，极大地伤害了夫妻感情，导致夫妻未能好合好散，终成陌路。离婚后，两人竟然连打一通电话的情谊都没有。他们彼此的恨意在离婚后绵绵不绝地延续着。而父亲将他的恨意，都延展到了女儿身上，他选择将这段婚姻经历彻底封存和遗忘，也选择了从女儿的世界彻底消失。他放弃了这个血脉相连的女儿，也逃避了自己作为父亲应当履行的责任。

而这位母亲有着好强的个性和孱弱的肩膀。因为好强，即使她明知离婚后女儿成长遇到了重重障碍，她有义务为了女儿的权益再去争取一些父爱的支撑，可她不肯给前夫打一通电话。因为孱弱，她面对离婚后单亲抚养的巨大压力，常常感觉孤木难支，这无形中也增加了自己和女儿的压力。内疚和焦虑，不满和倔强，混杂于心。茫然不觉间，她将焦虑和压抑转嫁到了女儿肩上，以爱之名，为女儿戴上了沉重的枷锁。

这件事情发生后，人们看到原本隐藏在一个"私密家庭暗箱"里的女孩生活和教育的困境。一个家庭，窗帘一拉，门一闭，就成了一个独立于外部社会的内部体系。家庭内部对孩子的养育和教育状况，外人无从得知。这个案件如果不是以这样极端的方式暴露在众人面前，外人很难窥见这个家庭内部日积月累长达十年之久的问题，孩子就这样被这种教育生态的"毒素"侵蚀。

这件事情发生后，女孩的家庭教育情况引起了各方关注。学校和有关机构为她母亲提供了家庭教育指导，为女孩提供心理力量支持和教育资源支持。女孩的妈妈在接受指导和学习中，逐渐调整教育理念，改变教育方法。学校和有关部门也跟孩子的父亲取得了联系，敦促他履行法定职责。

至此家庭教育的"独轮车"终于又装上了另一个轮子。被切断的父女关系又慢慢接续起来，家庭教育的平衡在慢慢恢复。随着母亲压力减轻，父亲的参与带来教育内容的丰富，教育视角的多元，女孩内心也在逐渐发生变化，她的家庭教育困境逐渐得到改善。

女孩这次惊险的"青春期逆反"行动，拨乱了家庭教育平静的湖面，让人们看到了水面之下的暗流汹涌。这股掩饰在"青春期逆反"标签之下的真实的家庭教育的湍流终于被人们看到，并被观察，被反思。

孩子渡过了最危险的时期，"逆反"也渐渐归于平静。

观察与沉思

本篇呈现了一个拷问父母灵魂的案件。本案有众多的家庭教育问题引发我们的思索。

一是这个案件让我们领略了时间的洪荒力量。一个家庭的教育，无论是好是坏，都有着日积月累、水滴石穿的可怕力量。好的教育，自然会因为时间，聚沙成塔，积土成山，打造孩子的志气和脊梁。但坏的教育，也会借助时间，积水成渊，积羽沉舟，将繁茂的绿洲冲击成溃败的荒漠。

这个家庭，貌似是在解体十年后，孩子突然"青春期逆反"，甚至踏上轻生之路，但实际是十年前的因，产生了十年后的果，还有在这如荒漠般的十年当中，父母那延绵不断的"烈日""暴风""雷雨""闪电"不断侵蚀。时间，让一切貌似偶然和微小的日常教育问题，最终在经年教育的放大镜下，无所遁形。

这种案件看似有些偶然，毕竟不是每一个孩子都会经历父母离异、父亲失责、母亲焦虑的痛苦，也不是每一个孩子都面临生死问题，但其实现实生活中，随着离婚率的不断攀升，在父母离婚后孩子经历家庭困境的案例并不少见。

离婚后，父母对孩子的教育协作关系会随着时间的推移变得越来越弱。其中，自然有父母婚姻失败带来的影响，但这也是一种无可奈何的自然规律——时间会冲淡亲情！不跟孩子共同生活的一方，会慢慢淡出孩子的生活，甚至有的父母会放弃对孩子的抚养和探望。

因此，这并不是一个偶然的、个别的案件，而是一个普遍问题。父母离婚后，孩子们的生活、心理、教育状况都十分值得大家关注。

这个案例使我们得以窥见一个家庭十年的教育全貌，让我们有机会看到那些在家庭教育的"暗箱"里，日常累积的看似微小的家庭问题，在历经多年之后，对孩子成长的杀伤力。

二是这个案件还呈现出了空间闭锁的破坏力量。

从家庭的私密性来看，家庭可以看成一个独立于外界的闭锁空间。在这个空间中发生的家庭教育情况，外界无法进行充分探查。这就依赖于监护人在实施家庭教育时，应当有跳到局外去观察孩子成长的意识和能力。如果监护人意识不到家庭教育在空间上的独立性、闭锁性，只一味沉浸在自我的家庭和教育世界中，就无从反观家庭教育样态，发现利弊。

因此，监护人对家庭教育保持一定的开放性，保持学习能力、向外探究的能力、反思的能力，有助于让自己的家庭教育融通于社会，与时代教育的进步同频。

三是这个案件还让我们思考婚姻和家庭在法律之中和法律之外的含义。

法律保护成年男女的结婚自由，也保护成年男女的离婚自由，同时，法律也保护未成年人的基本权利。

《中华人民共和国民法典》和《中华人民共和国家庭教育促进法》等多部法律都规定，离婚后，父母对子女仍有抚养、教育、保护的权利和义务，未成年人的父母分居或者离异的，也应当相互配合履行家庭教育责任，任何一方不得拒绝或者怠于履行。

显然，即使仅从法律层面上来说，家庭的组合也不只是男女之合，家庭的分解也不只是夫妻之事。可现在很多家庭在解体时，夫妻双方仅仅把离婚事项限缩成两点——孩子归谁和财产怎么分！

众所周知，法律仅是最低层次的道德，它规定的不是人类最高层次的标准，甚至达不到通常意义上的生活伦理要求。就父母的婚姻和家庭而言，它对未成年人的意义和影响，远远不是"我要跟谁""谁给我抚养费""父母的财产归谁"这么简单。父母离婚后，对孩子而言，虽然从法律上来说，爸爸还是爸爸，妈妈还是妈妈，但是从生活上来说，爸爸妈妈的心态和生活发生了巨大的变化，他们对待孩子的心态和行为举止也发生了巨大变化。父母的家庭裂变，使他们有形的屋檐塌了，孩子心里无形的屋檐也随之塌了。

在孩子看来，父母常常说着、做着"为我好"，以为这就是给了"我"家庭教育的全部。可是他们谁也不知道，"我"心里到底是怎么想的？他们甚至都没有了解过，"我"是怎么看他们的？"我"想过什么样的人生？他们不知道，在他们离婚后，"我"常常会在迷雾里探寻，在情绪里挣扎。"我"自己也妄想走出情绪，左冲右突去寻找突破困境的密钥。"我"为此显得叛逆，变得偏执。但父母不知道的是，"我"自己也在不断对抗自己的叛逆和偏执，直到"我"发现自己无能为力。

这是孩子的内心世界。

但是孩子的内心世界，父母能够关照到多少？父母有没有从孩子的第一视角，去看待过孩子对家庭养育和教育问题的看法与感受？

如果我们从来没有以孩子的第一视角看问题，我们怎么能说了解他们？又怎么能说一切都是为了他们好？怎么能够保障，我们信誓旦旦、言之凿凿的家庭教育会有良性的结果？

最后，这个案件还让我们思索家庭教育与家庭养育的同一关系。

家庭教育与学校教育不同，学校教育可以框定成一种有形形式教育，比如，我们把孩子送进有形的学校里、教室里，让孩子坐在课桌前，就可以进行学校教育。但是，家庭教育不同，家庭教育是无处不在、无时不在的教育形态，它不能跟学校教育一样被框定在有形器物中。当然，我们也不能简单地仅将家庭教育界定为让孩子获取知识，毕竟教育孩子的目的，不只是为了让他读书，更是为了让他成人。所以，孩子的家庭教育和家庭养育是一体的事物，高度融合。我们观察和思考家庭教育，必须把孩子放在家庭养育中去观察和思考。

2

再婚吧!
妈妈,给我一个新爸爸

楔子

孩子对母亲说:"给我换个爸爸吧。"

婚姻解体后,孩子父亲因为对母亲的"仇怨",屡生事端,甚至不惜以行使探望权为由,让孩子体验被父亲"戏耍"的难堪。

"妈妈,你再婚吧!给我找一个新爸爸!我想要一个新爸爸!"

身为母亲的玲玲(化名)因一起探望权纠纷来到律所,她把手中一张纸条递给我,纸条上写的竟是这样一段话。

玲玲说,这是她早上醒来,在枕头边发现的,上边是女儿的字迹。纸条皱皱的,还有斑驳的泪痕,显然女儿在写这些话的时候还哭过。

我让玲玲坐下来，详细陈述一下事情经过。

原来，玲玲正在经历一场子女探望权的官司。前夫起诉她，说她不让他探望女儿。昨天，她按照法官的要求，带着孩子去了指定处所，让前夫见一下女儿，没想到她和女儿却经受了二次伤害。玲玲边哭，边懊悔，怎么当初就嫁错了人。

玲玲和前夫本是旧单位的同事，聊得合拍就结了婚。可是相恋容易相守难，婚后没几年，玲玲就发现了前夫出轨，她跟前夫理论，却被殴打。不得已，玲玲和前夫还是走上了离婚诉讼之路。

在离婚诉讼中，玲玲委托律师实施了财产调查，发现前夫早就转移了超百万元的银行存款。法院认定这种擅自转移夫妻共同财产的事实，因此判决前夫少分财产，并将女儿的抚养权判给了玲玲，前夫要按月支付抚养费，还要对女儿定期探望。

一审之后，前夫不服，又提起了二审。二审维持原判。

就这样，两人离了婚。

玲玲知道，前夫一直不接受判决结果。他觉得家里的钱，他赚得比玲玲多，认为在离婚财产分割上，他本来就应多分，法院依法判决玲玲多分他少分，他不能接受。

就这样，离婚后，前夫愤愤不平，屡生事端。他找了各种事由，用尽手段，对玲玲进行骚扰，只想给前妻添堵，不让她好过。探望权诉讼就是其中一例。玲玲怎么也想不到，前夫竟然会捏造事实，以自己阻碍他探望女儿为由，对自己提起本案诉讼。

"李律师，你知道吗？他这样诉讼，真是颠倒黑白。我跟他离婚之后，我是盼望他能经常来看看女儿的，毕竟他是孩子的父亲，孩子需要父爱。可是，他何曾来探望过女儿？何曾提出过要探望女儿？他如果想看女儿的话，可以来家里，可以去女儿学校，可以给女儿打电话，可以陪女儿过生日……千万种探望女儿的方法，他一样都没做过。他根本不想女儿的。他这次起诉我，就真的不在意女儿会因此受到更大的伤害吗？"玲玲说完，黯然神伤。

根据玲玲所说，法院在接到前夫的起诉状之后，曾安排诉前调解，但前夫拒绝了。后来，承办法官给她打过电话，为了在开庭前了解一下情况，法院指定了时间和处所，希望玲玲先带着女儿和父亲见个面。之后，法官再根据双方的情况，考虑后续怎样安排庭审。玲玲就答应了。

玲玲和女儿早早地到达了指定地点。可是，她们等了很久，孩子的爸爸也没有来。法官给玲玲的前夫打了几通电话，都打不通，只好让玲玲带着女儿先回家。玲玲和女儿的情绪都很低落。但玲玲说，女儿始终表现出很不在意的样子。只是，晚上临睡前，女儿抱起她的小被子，跑进了妈妈的卧室。她把被子放到妈妈床上，要跟妈妈一起睡。母女两个非常默契，仿佛白天什么也没发生过一样，嬉闹到很晚才睡着。第二天早上，女儿一大早要去学校参加春游，同住的外公外婆送她出门，就没有叫醒玲玲。等她醒来后，在枕边发现孩子给她写了这张纸条："妈妈，你给我找个新爸爸吧！"

为了解决这起探望权纠纷，也为了真正维护孩子的权益，玲玲来到了律所，委托我们代理她的探望权诉讼。

接受玲玲的委托之后，我们将委托手续和玲玲一方的证据材料提交给法庭，希望法庭作出一个公正的认定和判决。

开庭这天，玲玲的前夫还是没有来。法院作出了缺席审理，前夫的主张自然被驳回了。但是，探望权与其说是父母的一份权利，不如说是义务。抚养权和探望权的法律制度设计，本质上是为维护孩子的合法权益，是为了孩子利益的最大化，而不是监护人为所欲为的诉讼工具。

前夫的诉请虽然被驳回了，但此事对玲玲和孩子的精神伤害却无法简单驳回。虽然孩子极力掩饰受伤的情绪，但这伤害必定是深刻的、持久的。就像是一粒石子投入湖中，它激发的涟漪会一圈圈荡漾开去，这样的波纹会在孩子的人生长河中不断蔓延。也许随着时间流逝，终有一天有形的涟漪能消逝在遥远的边际，但无形的精神伤害只会深深沉入孩子的心底。

本案不禁让人思考，面对无理取闹、拒不履行监护义务和教育责任的父亲，除了要求法院驳回其诉请之外，还能怎样保护孩子的权益呢？孩子作为未成年人，他们的权益的实现，需要依赖监护人的作为。

我们建议法院对孩子父亲制发《家庭教育指导令》。

法官责令前夫来法院，为他制作了一份严肃的训诫笔录，郑重告知他："无论你和孩子母亲有什么样的过往，离婚后，对孩子，你都要认真履行探望义务。探望权不只是你的权利，更是你的义务。如果你仍不妥善履行探望义务，那么你的前妻也有权代理孩子对你提起诉讼，你也将承担法律责任，望慎重对待。"

训诫之后，法院给玲玲前夫下达了一份《家庭教育指导令》，责令其接受家庭教育指导，认真加强家庭教育学习，责令其认真履行对孩子的抚养、教育、保护义务，保证探望频次。拒不履行的，将采取法律措施进行追责。

此外，法院还借助专业指导机构对玲玲进行了指导，嘱咐她多关注孩子的内心世界，加强家庭教育学习，保护孩子的身心健康。

后来，我们再跟玲玲沟通的时候，玲玲表示前夫每月会探望孩子一两次，也会参与孩子的活动。孩子跟父亲的关系有了缓和，逐渐感受到了父爱。

观察与沉思

这是一个令人感伤的案件。

这个案件中的父亲，在婚内将妻子和女儿作为附属物，不予尊重；离婚后，滥用探望权，将自己的执念凌驾于孩子的身心健康之上。

案中有一个细节，我至今记忆犹新。当法院对这位父亲进行训诫，责令其接受家庭教育指导之时，这位父亲竟然振振有词地说："女儿既然判给了她妈妈，教育就是她妈妈的事，我只要支付抚养费就好了。女儿又没判给我，我怎么对她进行家庭教育？"其言之凿凿、振振有词的态度，令人震惊。

很多家长认为，所谓家庭教育，就是家庭中有一个人管孩子就够了。只要有人管他吃喝拉撒，有人管他读书，就是尽到了家庭教育职责。有这样认识的家庭，很多都是"丧偶式育儿"的家庭。他们把家庭教育理解成父母一方陪孩子读书；把父母监护的职责理解为一方管孩子的安全，认为这就够了。而另一方对孩子，完全可以撒手不管，甚至连他（她）对孩子的监护角色，都可以模糊和淡化。

案例中的父亲，在离婚前对女儿的教育就疏于尽责，离婚后，更是以没在一起生活为由，推卸为人父亲应承担的抚养、教育和保护责任。

可是，真的可以这样吗？

《中华人民共和国家庭教育促进法》规定，所谓家庭教育，是指父母或者其他监护人为促进未成年人全面健康成长，对其实施的道德品质、身体素质、生活技能、文化修养、行为习惯等方面的培育、引导和影响。同时规定，未成年人的父母或者其他监护人实施家庭教育，应当亲自养育，加强亲子陪伴；应当共同参与，发挥父母双方的作用；应当相机而教，寓教于日常生活之中。

可见，家庭教育的内容十分广泛，监护人的家庭教育职责非常多元，家庭教育的方法也多种多样。家庭教育并不局限在一个物理屋檐下才能实施，不与孩子共同生活的一方，有多种方法可以参与到家庭教育之中。只要父母双方善于发现教育机会，家庭教育随时随地都可进行，关键是监护人要充分融入并参与到孩子养育的进程中。

可以说，家庭教育是个不拘一格，从量变到质变，跨越时空的巨型育儿工程。

在这个工程建设中，为了不使工程烂尾，我们要注意"人、料、机、法、环"五个要素都不可缺位。

所谓"人"，即监护人。身为监护人，无论是否跟孩子直接生活在一起，都不能缺位孩子的教育；所谓"料"，是我们养育孩子的素材，是父母监护人脑子中存储的"货料"，以及随时随地发现的生活中的育儿材料；所谓"机"，是指在育儿过程中，我们要懂得使用恰当的教育工具和手段；所谓"法"，是指我们育儿要得法，要遵循教育规律，尊重孩子特性，因材施教；所谓"环"，是指我们对教育环境的营造，在社会大环境、生活小环境里，在学校教育和家庭教育的系统环境里，营造有利于孩子教育的环境。

我们需要记住，无论是哪一环要素，都必须把它们放在跟孩子的日常相处中，在至少18年的长期陪伴中，才能发挥出令人期待的教育之力。

女儿的虚荣，
爸爸的枷锁

楔子

身为父亲，

怎么给孩子正确的爱？

怎么教给她行为的底线？

什么才是真正的尊严？

怎么做，才是真正意义上的"好父亲"？

"李律师，你帮帮我，我不能坐牢啊。如果我坐牢了，我女儿怎么办？她还怎么在上海读书啊？"

这是我在律师执业早期办理过的一起法律援助的案子。时隔多年，我还记得这位父亲在高墙环绕的看守所里，隔着会见室的铁栏杆，对我苦苦哀求。

这个案件的被告人，从我们常规意义上来看，是一位谁都会说一声"好"的"好人"。

他很爱妻子,每月工资都如数上交;也很爱女儿,视女儿为掌上明珠,全心呵护;也很爱工作,是所在企业的骨干,做事严谨,认真负责。

可是当年,他却开了一辆套牌车跑出租,被警方查获后又驾车逃逸,妨碍警方执行公务。

了解清楚基本案情之后,我问他:"警方执行公务时,你为什么逃逸呢?"他说:"李律师,我不是真心想逃逸的,可是我不跑不行啊。如果我被警方抓住了,我肯定会受处罚,那我就有前科了,我在上海的积分,就受影响了。如果我的积分没了,我女儿就不能在上海读高中参加高考了。我之所以开套牌车,就是想多给女儿攒点儿钱,让她在上海好好读书。为了女儿,我不能不跑啊。"

他这番话,给我留下了极其深刻的印象,他的家庭故事也令人唏嘘。

这位父亲名叫赵兵(化名),案发时45岁,是一家汽车配件公司的车间主任。他自小家境不好,年幼时父母因车祸双双去世,靠亲友的接济,他才勉强读到大专毕业。毕业后,来到上海打工,到了这家公司。他踏实、肯干、爱钻研,逐渐从普通员工做到组长、车间主任。后来认识了同在这家公司工作的妻子。婚后,两人省吃俭用,攒了个首付,在郊区贷款买了套房,就算在上海安了家。

赵兵非常爱自己的小家,女儿出生后,他更是视若珍宝。对他而言,妻女二人就是他在这个世界上最亲的人。为了她们能有更好的生活,衣食无忧,为了让女儿在上海受到良好的教育,他晚上常常主动加班。

一切似乎都很令人满意,直到女儿上了高中。

赵兵的女儿学习成绩一般,被赵兵宠得有些任性。女儿中考没考上重点高中，只能读普通高中。女儿觉得面子上过不去，就央求爸爸，花钱供她上一所民办高中。赵兵禁不住女儿的央求，就同意了。但这所高中费用颇高，对于工薪家庭而言，非常吃力。

女儿进入这所高中后，对金钱的欲望变得越来越强烈，甚至偷他人财物。赵兵罕见地对女儿发了脾气。没想到女儿不仅不认错，还振振有词地说都是因为他们做父母的没有能力，才让自己在同学面前抬不起头来。

女儿委屈地讲，同学们的吃穿用度都比她好，人家身上都是名牌，自己什么都没有。赵兵心里很不是滋味。虽然妻子反复劝他不要往心里去，小孩子爱慕虚荣，不能娇惯，可他听不进去。自己受过贫富差距的苦，知道被人瞧不起的滋味有多难受。他想，无论如何，得再找一条出路，多赚点钱，多给女儿一些零花钱。她有了钱，自然就不会去偷人家东西，也能跟同学们一样出入光鲜，挺起胸膛做人。赵兵就下决心再找点事做。可是，做什么呢？

赵兵除了工作之外没有其他专长。深夜难眠，他就在网上搜索，看有没有做第二职业的机会。这时，一则店铺消息引起了他的注意，上面写着："晚班，不交份子钱也可以跑出租！"赵兵觉得自己的驾驶技术还可以，开出租没问题，就点开了链接，没想到竟是一家专门做套牌手续的店铺。赵兵知道这事违法，就关了页面。

可逛来逛去，赵兵也没发现什么赚钱的机会。鬼使神差地，他又打开了之前那个店铺链接，犹豫之下，联系了店家。他用五千元买了一套高仿的出租手续，就这样开起了套牌出租车。

开始时赵兵提心吊胆，千小心万小心，可开了几个月，见平安无事，他胆子就渐渐大起来。他听店家说过，这路上跑的套牌车多着呢，只要规规矩矩开车，不违反交规，一般不会被发现。就这样，赵兵渐渐忘了自己开的是套牌车。他白天上班，晚上开车赚外快，把赚来的钱都给了女儿，并交代女儿说："这是爸给你的零花钱，想买什么就买，别让同学瞧不起。"

可是，天网恢恢，疏而不漏。赵兵开了半年出租车后，有乘客发现可能是套牌出租车，向警方举报了。

这天，警方在道口设卡拦截，令他停车接受检查。他一开始以为是常规检查，就按照警察的手势，规规矩矩把车速降下来，准备靠边停车。可就在这时，他脑子里念头一闪，不对，自己这车是套牌的，不能把证件交给警方。就在警察靠近他的车辆，手指敲窗的瞬间，他突然一脚油门，迅速逃离。

他说当时自己脑子里只有一个念头：不能被抓，抓了就有前科了，积分就不够了，女儿就不能在上海读书了。

在看守所里，律师会见他的时候，他对自己的犯罪事实供认不讳。他唯一牵挂的就是自己的女儿是否会受到影响，还能否继续在上海读书，将来还能否在上海参加高考。

一个"好老公""好父亲"，就这么构成了妨害公务罪，很快法院就对他作出了有期徒刑九个月的判决。

可令赵兵没有想到的是，几乎是在他被抓的同时，学校也正打算对他的女儿作出处分，原因竟是涉嫌诈骗。

原来，虽然赵兵把辛辛苦苦赚来的外快都给了女儿，但依然无法满足女儿的欲望。赵兵的女儿觉得家境一般，在同学面前有些自卑，她就经常浏览一些情感博主的信息，寻求心理安慰。时间久了，情感博主的信息看多了，她竟渐渐看出端倪来，生出了其他心思。她发现那些情感博主的客户都是陷入情感困扰中的女人。这些女人，对情感博主无所不言，听情感博主胡乱分析，她觉得这些女人的钱可能比较好赚，就有了主意。

她用年轻男性图片作为自己的头像，把自己包装成一位情感博主的模样，开始有目的地"钓鱼"。她随机加入一些群，去打个招呼，看有没有愿者上钩。没想到她才进了几个群后，就有人过来跟她搭讪。机会来了。她以年轻男性身份与对方聊天，发现对方是位离异女性，非常渴望男人的慰藉。她假装成熟的男人，给对方宽慰，一来二去，就跟人家谈起了恋爱。网恋关系确立后，她开始找各种借口向对方借钱，一个月的时间，陆续骗取两万多元。等到对方要求见面时，她意识到不妙就把人家拉黑了。后来，对方报了警。

赵兵的女儿年满十六周岁，但尚未成年。案发后，律师为她提供了法律援助，她的妈妈为她做了退赔，争取了对方的谅解，检察机关最终作出了不予起诉的决定。

不过，检察机关虽然对他不予起诉，但学校却正打算对她作出开除学籍的处分。原因是，她在校期间，已有多次偷盗劣迹，受学校处分期间又发生诈骗行为，依据《中小学生学籍管理办法》，可对她开除学籍。赵兵的女儿这才意识到问题的严重性。原来，虽然因她未成年，法律对她从宽，她未被要求承担刑事责任，但这并不表明她无须承担任何法律后果。她这才明白，任何行为，都有代价。

与其让女儿被学校开除，妈妈认为不如主动将女儿的学籍从上海转回老家，改变互相攀比的物质环境，重塑孩子的价值观，妈妈向教育部门递交了转学申请。

在带女儿回老家前，赵兵妻子给他写了一封信，信中写道："我们出身不好，赚得不多，但我们堂堂正正打工，明明白白做人，没必要觉得自己低人一等。人这辈子，欲望无止境，能力有限度。咱们有多大手，就端多大碗。我们做父母的，不能对物质差距心存执念。超出我们能力范围去支持孩子，看着好像让孩子有了更好的教育环境，但其实除了让孩子感觉我们比别人矮一截外，还会让孩子更在意别人的眼光，更会攀比，心理会失衡。对咱们的女儿来说，现在这个年龄，比给她一个光鲜的外表更重要的是，给她打造一个有骨气的灵魂。她只要足够刻苦和独立，以后就能靠她自己的双手合法地赚钱。"

赵兵认可了妻子的说法，女儿也收起了虚荣与骄傲，接受妈妈的安排，转学回了老家。

案子结束后，赵兵女儿后续的教育情况，我们未能了解。但以赵兵妻子离开上海时对家庭教育的想法来看，她的态度是坚决的。她为此也付出了巨大努力，辞去了上海的工作，在老家谋得了一份职业。她决定在女儿成年前的最后阶段，陪伴、观察和引导女儿成长。环境的改变只是外在教育要素的改变，母亲对于教育内涵的认识变化，女儿对于自己成长之路的思考，才是内在的希望之光。

九个月后，赵兵出狱，他们的家庭教育也步入新阶段。

观察与沉思

赵兵这个案子是我印象最深刻的案件之一。

在妨害公务案件庭审时，恰好公诉人、辩护律师和主审法官都是女性。法庭上，他为自己辩解，认为自己之所以违法犯罪，先是为了能让女儿在上海有尊严地读书，后是因害怕丧失积分，影响孩子读书。

当他作完这番辩解后，法庭有一瞬间的安静。

我至今还记得女法官接下来情法交融的一段话："虽然户籍制度和积分制度是影响外地孩子在上海读书的一个社会原因，你主观上是为了女儿读书而犯错，但无论如何，任何人都没有权利以任何理由去践踏法律的红线。红线就是底线，不能践踏。遵守法律，以身作则，遵从规则，本就是公民的基本义务，也是为人父母通过言传身教所做的家庭传承。我们不能用动机来为行为免责，否则教给孩子的也是错的，社会也会因此丧失秩序。"

赵兵沉默无语，他接纳了女法官的劝诫，在最后陈述环节，坦言知错，愿受惩罚，改过自新。

我想，赵兵这个案子，对很多家庭都有意义。

这个案子，让我们有很多思考。

其一，到底怎样的人才是"好人"？什么才是"好父母"的标准？父母要怎么做才是真的为孩子好？这是值得我们家长理性静思的。

《中华人民共和国家庭教育促进法》第二条提到，家庭教育要关注的是孩子的全面健康成长，包括对孩子实施道德品质、身体素质、生活技能、文化修养、行为习惯等方面的综合培育、引导和影响。第三条提到，立德树人是家庭教育的根本任务。

可见，要让孩子全面健康发展，以德立身，父母首先就要以身作则。打铁还需自身硬。孩子是以家长的行为为模范，在言传身教的体验中被潜移默化地打造。父母对孩子的教育不能只停留在口头上，尤其是与人生观、世界观、价值观相关的言行教导。

其二，在踮脚拔高和足履实地之间，我们的家庭教育该怎么选择？

本案中，女儿中考失利，本可以进入普通高中，循序渐进，稳扎稳打，争取通过高考，实现自己进入大学的梦想。可是，孩子爱慕虚荣，希望有个光鲜亮丽、令人羡慕的高中生活。在这种情况下，父母就面临抉择：是给孩子以"名校"的光环，还是就让她为自己的中考成绩买单，考出什么样的成绩，就去读什么样的学校？同时，父母也要思考自家的经济实力。选择，从局外人来看，仿佛不难。但事实上很多家庭，都是选择了前者。这样的家庭往往有一句口头禅：为了孩子，我们怎样吃苦都值得！但是这样做，真是对的吗？

我们遇到过大量的案件，一部分家长如赵兵一样，并没有承担孩子读私立民办学校的经济能力，却动用全家积蓄去满足孩子的要求。其实很多家庭都没有想到，家庭教育其实需要一定的余量，包括精神的余量和经济的余量。

精神的余量，是说家庭教育要有适度的松弛感，不能随时随地都精神紧绷。过度紧绷的精神，容易导致家长累、孩子累，还容易强迫孩子过度"内卷"。精神之弦一旦久张不弛，就容易绷断，后果不堪设想。

经济的余量，是指我们不能把全部的家庭储蓄用于孩子的教育。因为家庭经济过度紧张，会让孩子对家庭经济产生青黄不接、后继无力的担忧，并在跟周围人对比后产生压力。而且这也会让家长自然而然地滋生"成本"和"收益"的产出比概念。一旦孩子将来的就业、收益不能达到预期，父母就会觉得成本和收益不成正比，悔不当初。这样父母就会将教育变成纯粹的投资概念，失去教育的本质——育人的纯粹和无私的爱，将来反而伤害亲子感情，也可能重创家庭的经济基础。对孩子来说，这种经济支持和家庭教育的结果，可能让孩子不堪重负，影响健康成长。

其三，我们家长是否应该经常把自己的教育决策放到第三方的时空，以第三只眼睛，去观察、反思和调整自我的家庭教育抉择？

教育不是一时一刻的事情，它在漫长的时空不断累积，才会有一个可视化的外部成果呈现。但我们不能被动等待几年或十几年之后，教育成果外显的时候，再回头来做教育方式的反思。待那时，一切都为时已晚。

同时，家庭教育，不是我们家长作用于自身，而是作用于孩子，而孩子无法立刻获得感知，需要在时间甚至空间的迁移之后，才能感受到。

所以，对家长来说，一个理性经济的思考就是，我们要擅长经常跳出自己的身份之外，以第三方的视角来反观和反悟自己的家庭、孩子、教育决策、教育氛围等。这样，我们才能看清自己作为监护人的局限、家庭的局限，以及孩子身上的不足和弱点、优势与潜能。在第三方视角之下，再做出决策。我们要保持一个决策理性，也要保持一种对时空价值的尊重，认识到教育是一个跨越时空的持久概念，让孩子去试错，经受挫折，让孩子为她的不努力或错误去担责，这样才能养出孩子的责任心。或许这样，家长才能不陷入当前的人云亦云，不卷入眼前的是是非非，不以爱子之心，损害了孩子的将来。

最后，我们还要以"私利"和"公利"的视角去看家庭教育。赵兵只站在自己小家庭"私利"的视角，置社会道德和规则于不顾。这种"好丈夫""好爸爸"的行为，本身就是在犯错。为了一己之私，置法律和道德于不顾的言行举止，其实也在作为鲜活的教育素材，对孩子产生着潜移默化的作用。后来，赵兵的女儿为了一己私利，去盗窃、去诈骗，其中未必没有受到父亲为了一己私利去开套牌车的"启蒙"。

既然父母能为了一家私利挑战社会规则，那孩子也可能为了一己私利践踏规则底线。她的世界观、人生观、价值观也会因此而改变。

家庭是孩子的第一个课堂，父母是孩子的第一任老师，我们责任重大。愿我们站得高一些，看得远一些，自我要求严格一些。我想，待到时光荏苒，时空变换，再来检测家庭教育的成果，一定会有不同的发现。

青春期、
手机与咖啡

楔子

一位妈妈说，我儿子是被手机给害了；

一位爸爸说，都是一杯咖啡给我女儿惹的祸。

社会如此复杂，如何对孩子线上的"朋友圈"和线下的"朋友圈"进行引导和监管，这是时代与科技发展抛出的令无数家长焦虑的命题。

最近处理了两个案件，我把它们作为一类案件来分享。

一个是涉及平台打赏的民事案件，让张妈损失了一大笔钱，也让她对儿子的教育极度担忧。青春期的儿子不听劝告，也不认错，可怎么办？

另一个是涉及扫黑除恶的刑事案件，刘爸惊慌失措，不断自责，很困惑该怎么和青春期的女儿相处。

两个案件，一个民事案件，一个刑事案件，但都涉及家庭教育，都涉及怎么对青春期儿女的社会交往进行合理监管和引导，这是很多涉未成年人案件中令家长棘手的问题。

我们一个一个来说。

这天，张妈经朋友介绍，来到了律所，她要向某平台追索儿子给主播的大额打赏。在陈述细节之前，张妈叹了口气，说她只是犯了一个疼爱孩子的母亲可能都会犯的错。对于青春期的儿子，教育和监管的边界在哪儿，她实在是弄不清楚。

张妈的儿子今年刚考完中考，变故发生在初高中衔接的暑假。

我们都知道，从某种程度上说，中考对于中学生而言可能比高考还要重要。所以，在初三阶段，孩子们过得很拼很累。

初三这一年，张妈看着儿子起早贪黑，全力备战，早就心疼了。中考结束了，高中时代还没有正式开始，初高中衔接的暑假，对孩子和家长而言，都是难得的小憩和放松时间。在这个过渡性假期，张妈为了让儿子充分休息，就让他彻底放飞了自我。

青春期的孩子，喜欢打游戏、上网、聊天，他们跟电子产品和网络的关系简直是鱼和水的关系，张妈的儿子也是如此。儿子很快迷上了各种短视频和游戏直播，而张妈秉持着让孩子放松的心态，放弃了对孩子使用电子产品的时间和内容的监管。

可令张妈没有想到的是，儿子渐渐沉迷网络。他每日刷视频、刷直播的时间越来越长，渐渐失控。

这天，张妈网上下单购物，突然被提示自己银行卡余额不足了。她觉得情况不对，就查了一下消费明细，这才意外发现竟有很多"短视频充值"游戏充值""主播打赏"等消费记录。她这才想起来，当初为了方便儿子购买学习用品，她的银行卡绑定了儿子的微信。很显然，这些钱是儿子消费出去的，都给了那些网络主播、平台了。

在她的一再要求下，儿子打开了自己的聊天记录和消费记录，结果看得她触目惊心。这一条条记录看下来，张妈产生了很复杂的感受。她想，儿子沉迷网络当然有儿子自身的过错，也有她身为母亲监管不力的问题，但是从这些主播跟儿子的聊天记录来看，这些主播和平台也有很多问题，他们步步为营诱导儿子沉溺平台消费，把儿子手里的钱给"套"走了。

为了要回钱，张妈委托了律师处理此事。可真正令她头疼的并不是这些钱怎么要回来，那无非是个法律问题。她找到我的另一个诉求是，希望我作为教育律师能够帮她分析青春期的儿子该怎么监管。

张妈觉得，这件事之所以发生，一方面是她疏忽了，另一方面也是她觉得孩子大了，总归要放手。可是刚放手就出了这么大的问题。监管和教育的分寸，到底在哪里？

自从打赏的事情被发现后，儿子跟她十分对抗。她是想管也管不了，她该怎么办呢？

这个案子中，张妈发着张妈的愁。而另一个案件中，刘爸比张妈还要愁。

一个大雨滂沱的下午，刘爸冒雨来到律所，说他女儿被一杯咖啡给害了。

看着紧张不安的刘爸，我给他倒了一杯热水，请他坐下来慢慢说。

刘爸一边轻揉着手里的热水杯，一边说："李律师，我跟你说实话，我女儿真是很好，她不会干坏事的，何况她胆子特别小，也不敢干坏事。她只是有点儿女孩子的虚荣，被一杯咖啡给害了。"刘爸在焦虑忐忑中开始陈述事情的来龙去脉。

刘爸家境不好，收入不高，刘妈也是如此。女儿在他们这样的家庭长大，生性怯懦，自小很自卑，对别人都是唯唯诺诺。一家人就这样平淡无奇地过日子，直到女儿进入青春期。

"李律师，不瞒你说，我觉得女孩儿自卑点儿，也没啥不好，至少犯不了什么大错，这是我的想法。可是，我想错了。女儿读初中以后，学习一直不好，成绩平平，我们家也没经济实力送她去上昂贵的补习班。时间久了，她的成绩越来越差，中考也考得不好，就上了一所职业高中。我们也知道，职业高中的学生群体比较复杂，我过去也担心过她的交友，但是我想着，她胆小，肯定也闹不出什么事来的，就没有特别在意。"刘爸懊悔地说。

"可是我想错了。这段时间，突然有人凶神恶煞地找到家里来要债，手里拿着一张我女儿写的借条。我一看那个数字，吓死了。不可能的，我女儿怎么会跟别人借那么多钱？摊上这么大的事，我女儿也吓坏了。我看问题太严重，趁这些人走了，就赶快过来咨询律师，请您帮帮我。"

刘爸所说的事情，显然很严重。这已经不单纯是一个职高女生怎么交友的问题了，恐怕已经涉嫌刑事犯罪。

我问他："那你女儿怎么说？她自己承认写过借条吗？实际借过钱吗？"

"没有！李律师，你这么问我，我也这么问她了。她说她根本就没借过钱，也没写过借条。"刘爸回答。

"那这事就不正常了，借条上的签名是她本人的字迹吗？"我又问。

"这个倒是，我女儿说那个签名的字迹看起来就是她写的。"

"这就怪了，她没借过钱，也没有印象写过借条，为什么别人手里会有她签名的借条呢？你女儿跟你反映过什么不正常的细节吗？"我继续追问。

"我女儿说，这事可能和一杯咖啡有关。"

"为什么会和咖啡有关？"

刘爸喝了一口水，开始往下陈述：

"女儿说，她在学校经常跟一个绰号叫'玫瑰'的女生一起玩儿。'玫瑰'有很多社会上的朋友，经常会有人给她送礼物。'玫瑰'拿到礼物后，有时会分给我女儿一些，我女儿就很羡慕。

"有一天，'玫瑰'带她去认识几个校外大哥，说是有人罩着好办事。她就跟'玫瑰'一起到了一家很高档的咖啡馆。几个大哥对她这个小妹很热情，还给她点了一杯咖啡。送咖啡的小姐姐随手递给她一张纸条，让她签了个名，说是有抽奖。她说那个咖啡很好看，味道也特别香，可是她喝了咖啡之后就睡着了，醒来就什么也不记得了。直到这次有人拿着她签的借条找上门来，她才觉得可能和那天一起喝咖啡的几个大哥有关。

"李律师，你说我女儿是不是掉进人家圈套里了？那些人三天两头堵上门来，女儿很害怕。我们家刚刚分了动迁安置房，我想卖掉一套把钱给这些人，不要来我家闹了。可是我女儿说她没写过借条，我也知道，她绝对不可能做出这种事的，她没那胆子。"

很显然，如果孩子的话是真实的，那么这事就已经涉嫌刑事犯罪，唯一的方法就是报警了。

刘爸报了警。后来案件查明，"玫瑰"介绍的几个大哥其实是一个犯罪团伙，已经做下多起类似案件，后来该团伙被作为扫黑除恶的典型处理，相关被告人都被判了刑。

但令刘爸难过的是，虽然这个案子结束了，女儿也被证明是清白的，但他对女儿接下来的教育和监管仍十分忧虑。

这次遭遇对他们父女来说虽是不幸，却也是万幸。这些犯罪分子被判了刑，女儿得到了解脱。但是，之后的路还很长，女儿虽然自卑懦弱，但步入青春期后，她对父母也有很多怨怼和不满，并不服从爸妈的管教，作为家长，怎样才能引导教育她不再掉入不良青年的社会圈套呢？

两个案件，虽是不同性质，但是张妈和刘爸都面临一个共同问题——孩子都在青春期，都遇到了社会的骗局。不法分子要么是利用他们容易沉溺网络的弱点，要么是利用了他们的单纯和虚荣心，精心布局，引诱他们入套，丧失钱财，甚至让他们身陷危险境地。

对于青春期的子女，怎样在尊重他们自我的基础上，对他们实施合理必要的引导和监管？让他们在接触和了解社会的同时，又能远离社会的陷阱和骗局？怎样教会他们识别社会风险，把社会性养成要素融入对孩子的家庭教育里？这是张妈和刘爸面临的共同问题。

观察与沉思

这两个案件，首先对家长拓宽家庭教育内涵与外延的认识有启示性意义。

当今社会处于一个信息爆炸时代，各种信息充斥网络和生活。但只要一进入家庭教育领域，总有家长就开始坚定不移地认为：中学生就是要以学习为业，做到"两耳不闻窗外事、一心只读圣贤书"，就是要让孩子沉浸在学业竞争的"净土"中。

显然，这只是父母的一种主观意识，也是一种教育的认识误区。家庭教育和学校教育从来都不是脱离社会的事物，每个人都在社会中。

培养青少年对社会现象的判断力、对社会问题的鉴别力十分重要，家长有义务做好这方面的引导、教育和监管。

其次，这两个案件让我们思考，如何对处于青春期的中学生实施合理有效的教育和监管。这个问题涉及很多方面。

第一，家长应该怎么认识和处理青春期孩子的独立性与离心力的问题。

孩子们进入青春期，表明他们进入了身心急速发展的阶段。叛逆只是表象，追求独立和自由，才是他们的目的。这一切，都源于孩子自我意识的觉醒。"我不要再做受父母控制的小孩，我长大了，我有我的尊严，我的世界我做主！"——这似乎是每一个少年觉醒时的内心独白和独立宣言。

正因如此，很多家长发现孩子难以管教了。一方面，不管不行，孩子的生活和学习缺乏自律；另一方面，严管容易引发孩子跟家长的矛盾，甚至会对抗到底。

父母何去何从？

对青春期的孩子，我们不妨尝试适用"放、管、服"的管理方法。

"放"，是指父母要尊重孩子的自我。像张妈一样，首先要给予孩子适度放飞自我的空间。对青春期的孩子而言，拥有一个独立的自我空间会产生巨大的塑造力量。孩子们拥有线上、线下的独立空间，是自我发展的需求，也是塑造自我的必备条件。这个空间是他们探索自我、放松心情、发展个性、自由社交的重要场所。这个场所可以是相对独立的物理空间，比如自己的房间；也可以是合法的网上世界，不受监护人的随意干涉。孩子们的线上社交，线下交友，包括线上打赏，线下消费，其实都是他们在脱离父母的捆绑之后，对社会的尝试性接触，都是他们的人生观、价值观形成和发展过程中的行为。父母如果"不放"，就永远也不能让孩子形成链接社会的能力，无法成长为一个独立的自我。

"管"，是说父母在对孩子"简政放权"的同时，要加强对孩子事务的事前小提醒，事中和事后的小监管。从"严进宽管"转向"宽进严管"。比如，在给予孩子暑假自由的时候，要对孩子们常见的线上打赏等行为做事先预警和提示，对孩子社交账号绑定的银行卡做适度的额度限定，让孩子在享受"放"的自由时，也感受到规则，自愿接受父母的适度管理。父母通过对孩子的"放"和"管"，既让孩子感受到尊重和自由，又让孩子感受到父母的爱。

"服"，就是父母要注意为孩子提供"优化服务"。父母要转变教育观念，把对家庭教育的认识，从"我要管你"，变成"我会支持你""我会协助你""我会服务你""我会引导你"。让孩子认识到，家长的行为是在为其打造有助于他们发展的家庭教育环境，促进他们健康成长。让孩子认识到，父母是助力，而不是阻碍。孩子仍然是独立的主体，父母对此十分尊重。

通过"放管服",既用力,又收心,张弛有度地把握风筝线的松紧,确保孩子健康、有序地成长。

第二,家长在家庭教育中怎样培养孩子对社会问题的识别和应对能力问题。

《中华人民共和国家庭教育促进法》第十六条,要求我们要针对不同年龄段未成年人的身心发展特点,做好他们健康上网、防欺凌、防诈骗、防拐卖、防性侵等安全方面的家庭教育,帮助他们掌握必备的安全知识和技能,增强其自我保护的意识和能力。家长应当对这方面的法律要求予以重视。

家长也可以结合自己的职业体验,将工作中的难点、痛点分享给青春期的子女,让子女参与、协助父母妥善处置。在此过程中,让孩子学着像成年人一样去思考。

父母还可以经常与孩子讨论新闻和社会热点,在热点讨论中激发孩子了解社会、认识世界的兴致,同时,也增强孩子对父母学识与能力的信服感,强化家庭教育的效果。

第三,家长要帮助并引领孩子处置好已经发生的社会困境。

孩子犯错有偶然性,也有一定必然性,哪个孩子不犯错呢?比害怕孩子犯错更重要的,是家长要教导孩子怎么去面对和处置这些社会困境。

以本篇的两个案件而言,线上网络打赏和线下交友不慎,都是常发问题。父母怎么处置解决,本身就是极其重要的家庭教育。在这个过程中,考验的是父母解决问题的智慧和能力,同时,也给了孩子重新认识父母的机会。智慧的父母，有担当的父母，通过处置过程，言传身教给孩子的是责任和智慧；懦弱的父母，不负责任的父母，在处置应对过程中，让孩子学到的是逃避、狡辩、不担责。

可见，比起孩子制造困境，父母解决困境的能力才更值得我们关注。解决困境既是父母担当又是树立威信的时刻，更是合理引导孩子的最佳时机。

失衡

与

平衡

CHAPTER 2

老话说，幸福千篇一律，不幸各不相同。

家庭教育也是如此。

良好的家庭教育，若提炼其特色，其实无外乎家庭和谐、家校和谐、亲子共同成长……即家庭教育达到了一种和谐与平衡。孩子处在稳定的"平衡器"中，可以安稳踏实地成长。

出现问题的家庭教育，各式各样，五花八门，各有各的特点。如果要在其中寻找一种共性，就是这些家庭教育基本处于失衡状态，要么是家庭结构本身失衡，要么是家校协作失衡，要么是家庭教育内容失衡，要么是家长的教育认识和孩子的发展需要之间显著失衡等。各种失衡致使孩子处于环境和心理的"震荡器"中，内心不安稳，外部不安稳，于是孩子便偏离方向。

失衡与平衡，是家庭教育质量的一个分水岭。

我们身为家长，要认识到家庭教育其实是在多重平衡的系统中进行的。

孩子只有在一个多重平衡的系统（包括家庭的内部系统、家庭与学校和社会的外部系统）中，长期、反复地被爱、被关怀、被教养、被引领，才能循序渐进地建立起他对爱的正确认知、对自我的正确认知、对关系的正确认知、对社会的正确认知，才能让他看到一个理性客观平衡的世界。

当孩子看到的世界是平衡的，他内心的世界才是平衡的，他才不会深一脚浅一脚地走路。

迷失在
留守的孤岛

楔子

"他想把我困守在家里，就像当年困守在他们村里一样。"

女孩年少被放养乡下留守，后来，她错把网恋对象的宽慰当成爱，深陷困局二十年。她眼中看到、心中所想的世界是失重和倾斜的，她被遗忘在孤岛之上。

2022年，备受社会关注的丰县"铁链女事件"，引发"舆情海啸"时，我也正在处理一起被看不见的"铁链"锁住的婚姻案件。当委托人文希（化名）向我陈述她的婚恋过往时，我瞬间想到了拴在丰县"铁链女"脖子上的那条链子，差一点儿也牢牢地锁在她的身上。那段惊险不安的婚姻，令她在挣扎多年之后才通过诉讼得以解脱。

话题要回溯到二十多年前。

文希是留守儿童，在她四五岁时父母就外出务工，留下她和弟弟跟奶奶在乡村生活。

奶奶虽然很疼爱她，但只能照顾她的衣食，并不能关照她的学习，更不可能关注到她随着年龄增长逐渐多起来的烦恼和思想。

初中毕业，文希考上了县城的高中，奶奶家离学校太远，她就开始了住校生活。

在文希的成长过程中，她只有逢年过节才能见到父母，有时他们过年也不回来，她就终年见不到父母。所以，她几乎没有体验过父母亲情。而且，文希的父母重男轻女，弟弟小时候跟她一起被留在乡下，但到了读小学的时候，父母就把弟弟接到身边去读书，只把文希留在老家。这让文希感受到，她是不被父母重视和爱护的孩子。

读高中后，文希开始独自面对生活。

她说："自从我高中住校，离开了疼爱我的奶奶，我就仿佛变成了一座自我迷失的孤岛。我害怕孤单，开始竭力跟周围不爱学习的同学抱团。我跟在她们后边，怕她们疏远我，那样我身边就既没有亲人，又没有朋友了。慢慢地我变得跟她们一样随波逐流，荒废了学业。"文希边说边回首那段高中时光。

高二的某一天，一个关系较好的女同学突然来找她。

"文希，咱们去东莞打工吧？不上学了，咱们自己挣钱花。"

文希一开始还有些犹豫，但是女同学又说："反正你父母和我父母都不管咱们，他们也没指望着咱们能好好读书。"

文希想想也是，这书读下去也没什么意思，就跟着同学一起到了东莞。

这样，文希还未成年就开始了在东莞打工赚钱的日子。可她毕竟年龄小，父母又不在身边，到东莞后，女同学去了另一家工厂打工，两人也不常见面，她下班后无处可去，就迷上了上网。

"那时候，我总觉得心里空落落的，一下班，就想抓个人陪着自己聊天。所以，就经常到网吧去。我跟我老公就是网恋。都说网恋是虚拟恋爱，线下约会，会'见光死'，可是，我还是提出去见他。现在想起来我那时候挺草率的，如果没有跟他见面，也就不会有这段婚姻和人生了。"文希一边回述过往，一边自叹。

我问她："当时没有想过去一个陌生的地方跟陌生男人见面，会有风险吗？"

她说："当时没想那么多。大概就是因为我这么多年没被人爱过，所以他那时温言细语，很关心我，我就很依恋他，想跟他见见面。我也知道，一般都是男方过来见女方的，但那时我觉得，谁去见谁都无所谓，我就去了。"

"见面后，遇到什么事情了吗？怎么拖了这么多年才来找律师呢？"

"见面之后，我内心挺复杂的。他所在的县城当时是贫困县，挺落后的。我有些怕，就想早点儿回东莞，但是，我觉得他人还是不错的。"文希讲。

"那后来呢？"

"后来，他提出让我跟他回家一趟，反正都到县城了，距离他们家也就三十几里路，既然来了，不如就去看看。我犹豫了一下，就跟他回去了。可是，我跟他回去之后就出不来了，直到我生了大女儿才离开那里。"

"是他们不放你走吗？"

"是我不敢走，也走不出来。村子很偏僻，交通不便。到他家后，连续下了几天的大雨，积水没到膝盖，根本走不出来。后来雨水退去后，村里的土路就都变成了泥路，一步三滑。在他们那个村子里，没人带我，我也找不着出来的路。"

"就这样一直住下去了吗？"

"是的，一住就是一年。那时我还没满18岁。我在他家生了大女儿，他们家才同意我跟父母联系。我想方设法联系到了我妈，我妈过来伺候我坐月子。孩子满月后，我妈找机会带着我抱着孩子跑到了县城，要从县城把我带回来。"

"顺利吗？"

"不顺利。我们刚到县城，他们村里的人就追出来了，我差一点就被他们带回去了。那时候，我老公还算有良心，是他说了一句'还是放她走吧，留不住的'，乡亲们才散了。"

"那，如果你们那时候就分开了的话，为什么现在才离婚呢？"

"那时候我们没有分开，因为他让村里的人放我离开的条件就是他要跟我一起走。这样，他跟着我和妈妈一起到了东莞，后来我们又从东莞到了上海，我们正式领了结婚证，后来又生了二女儿，就一直生活到现在。"

"既然你选择接受了这样的婚姻，今天为什么又要离婚呢？"

"当年我之所以选择跟他领证，是因为我那时候非常缺爱，他对我好，我以为这就是家的温暖，别无他求，就认命了。但是，我忘记了，其实我们之间并没有共同语言，也没有共同经历，连三观都不一致。这些都是很多年后我才意识到的。

"我生性好强，虽然高中没毕业，但我在社会上经历各种磨难后，就开始自修、学习，跟着别人学做生意，慢慢地提升自己。我也想改善生活，给孩子们做个榜样。现在我有了自己的公司，家里的支出、孩子们的教育，甚至买房、买车，都是我出钱。孩子们的培养，也是我在用心。可是，他只愿坐享其成，靠炒股投机幻想天上掉馅饼，没有进取心，没有责任感。

"等我生意渐渐做大后，应酬多了，跟他的共同语言就更少了。他特别反对我出去工作，老想限制我的人身自由。他跟踪我，偷拍我，这样的婚姻，连自由都没有了，实在是无法继续了。"

"你跟他谈过吗？"

"谈过太多次了，但没有任何改变。我越来越没有自由，安全感也没有了。他把上海的家，从精神上变成了他们村里的那种样子。他想把我困守在家里，就像当年困守在他们村里一样。"

"所以，一定要离婚了，是吗？"

"是的，一定要离。"

接受文希的委托后，我找机会跟她老公谈了几次。每次谈完，她老公都会发很多很长的信息过来。言语中，除了解释，还有牢骚，还有威胁……但唯独没有的，是对怎么过好以后日子的设想和安排，也没有对妻子和女儿的责任和担当。这期间，我能清晰地感受到，与其说他是爱这个家，不如说他认为妻子和女儿是他唯一可操控的"财富"。如果离婚了，他就什么都没有了。所以，交谈中，我感受到的不是情谊，更多的是控制和利益。

在这种情况下，文希向法院提起了离婚诉讼，法院经过审理，作出了准予离婚的判决。

判决下达那天，正是玉兰花开的春日。走出法院，文希抬头望了望天，长出了一口气。她轻轻对我说："李律师，谢谢你帮助我走出这段婚姻。这些年来，只有此刻，我才觉得自己活得透过气来了。我年轻时懵懂无知，生活给我上了一把枷锁，我用了二十几年，终于把它摘掉了。"

这个案子虽然过去好几年了，可我还清晰地记得，那天我们一起从法院出来，穿过一条长长的两旁开着玉兰花的甬道。在分开之前，我问了她最后一个问题："文希，你想过这样的事为什么会发生在你的身上吗？"

文希说："想过的，想过无数遍了。我觉得我身上最大的缺陷，就是我太害怕孤单，太渴望爱和关怀。我成年之前那些年，父母亲情很淡，我觉得自己像是被人遗弃的孤岛。网聊遇到他的时候，他用温情的话语填补了我内心的空洞。所以，我明知道有危险，还是去跟他见了面，跟他回了老家，还给他生了孩子。后来为了孩子，又跟他领了证，隐忍生活这么多年。如果不是这几年他做得太过分，让我觉得自己虽然在都市却仿佛又被他困守在老家那样与世隔绝的牢笼里，又要丧失尊严和自由，我可能也不一定会跟他离婚，毕竟他还是我两个孩子的父亲。"

看得出，文希走入婚姻的时候，其实并不理解"爱"和"家"的概念和意义，不明白"爱"和"家"应该是什么样子的。这才导致她错把虚拟聊天对象的宽慰之言当成爱，错把对方别有用心的"牵手"当成家的归宿，一步走错，陷入困境二十余年。

好在，在离婚的过程中，文希的两个女儿都支持她，也跟妈妈一起离开了爸爸。文希这些年，对两个女儿用心的教育和关怀没有白费，女儿们的"爱"和"家"的观念要比妈妈清晰很多。她们在关键时刻对妈妈的理解和支持，成了妈妈离婚的有力助力。

观察与沉思

文希这个案子，展现了一个留守儿童的成长经历和婚恋过程。

在办案过程中，我一方面为文希的经历感到痛惜，另一方面也切身感受到在文希遭遇的人生挫折中，父母要承担不可推卸的责任。

文希的婚姻历险看似是她年少无知、交友不慎导致，但实际上影响和推动她命运的隐形巨手，恰恰是她成年之前那很少出面"拯救"和温暖她内心的父母。

父母在她成长过程中几乎完全缺位，导致她自小认知的这个世界就和常人感受到的世界很不同。她没有父母疼爱，没有父母给予的家庭温暖，被遗忘在乡下角落，虽说跟奶奶相依为命，但老人很难涵养她的心灵。她眼中看到、心中所想的世界是失重和倾斜的，她被遗忘在孤岛之上。

结婚之前，她有过三次挣扎求生，但每次都误入迷途。

第一次，是文希在升入高中后，在她第一次看清自己身处孤岛的处境时，为摆脱孤岛困境，开始挣扎破局。她想方设法地向同学求关心，求接纳，求认可，以至于她向同学无底线地求同。在她看来，既然自己无家可回，无亲可依，那就只好靠向同龄群体。目的不过就是麻痹和忘却自己是一个灵魂的孤岛，拼力抓住身边同学友情的稻草。

第二次，是在辍学打工时。文希看似是因为同学一句话就义无反顾地跟同学到了东莞，其实不过是因为同学的话戳中了她内心的痛点而已。既然无父母疼爱，经济上不宽裕，那不如辍学打工，至少让自己经济上独立。

第三次，是在文希工作后。文希因为虚拟世界异性的宽慰，感觉自己内心的空洞得到了填补，不惜冒着危险，只身前往男方所在的偏远的县城和乡村，其后"身陷囹圄"，被婚姻的"枷锁"锁住人身自由二十余年。

这一切困境和挣扎，与父母将她留守和"遗弃"有着相当的因果关系。

一个孩子，从幼时的牙牙学语、懵懂无知，到全面健康地长大成人，需要在一个多重平衡的系统中，长期反复地被爱、被关怀、被教养、被教育。而为孩子构建这样一个积极健康多重平衡的教育系统，是父母责无旁贷的"监护"职责。

我们看到，文希每一次面临的困境，都反映出她失衡的家庭教育系统导致成长轨迹的偏离。

升入高中，是她人生第一次独自面对外界挑战，是她初次意识到自己是一座孤岛。其实，对子女的教育来说，我们有两个互动的教育体系——家庭教育和学校教育，二者可以形成一个互动平衡、互相支持的教育系统。比如，孩子在学校遭受了委屈，可以在家庭中寻求父母的抚慰和温暖；孩子在家庭中感到不开心，可以在学校同学间找到共鸣和释放。所以，对学生而言，家庭和学校，不只是家庭教育和学校教育两种教育的载体，更是一组动态平衡的教育系统。对孩子来说，缺一不可。

但是，文希缺乏家庭支持，她的家庭教育是缺席的，她的家校调节系统也是失衡的。她离开学校，无处可归。所以，文希不敢再失去学校这个生存系统。

在权衡利弊之下，她唯一能做的，就是在学校没有底线地退让，她以献祭自我的理性和发展为代价，来求得一些"抱团狂欢"的同学群体的接纳和关照。可是，这样"抱团狂欢"的孩子，往往也是厌学的孩子，也是跟家庭或学校教育有冲突或对抗的孩子。文希虽是为了挣扎求存，但她也因此偏离了正常健康的学校社交轨道。

若是在良好的家庭教育和学校教育的支持系统里，孩子无须为了讨好同学去无底线地求同从众，即便孩子在学校的生活和交友偶有偏离，有责任心的监护人往往也能及时发现，并积极引导和纠正。

但是，文希身边没有监护人，她只有自己。她连正常的家庭教育都没有。她的家庭养育结构本身就是缺失的，她的家校系统当然也是失衡的。她无从选择，更无从被纠错。

辍学打工，是文希做出的第二个关键决定。这个决定，其实是让她在短期快意和长远发展之间，做出一个判断和选择。她能被同学的只言片语轻易地带离学业轨道，但又能在多年之后自发地去学习和深造，这反映出她其实并非不求上进。她之所以会辍学，还是源于内心缺失爱和关怀。既然他们不管我，那我就自谋生路吧！这样的当前快意自弃的选择，是她对失衡世界的抗争，是对父母的失望。有责任心的父母，自然不会轻易让孩子失学，可是文希的父母，甚至连孩子辍学了都不知道。

开始打工后，她沉溺网恋，为所谓的爱情大胆冒失"奔现"。其实，她连"爱"到底是什么，"家庭"又是什么，她都无法科学解读。什么样的家庭是好的家庭？她未必有清楚的认知。只有一点，就是有人能关怀她，宽慰她，在她看来，这就是温暖与爱的回响。为此，她不惜跨越山海，放逐人生。当在安全、自护、风险和对爱的渴望之间，需要她做出选择的时候，她宁肯牺牲人身安全，也要放逐去"爱"。为了求家，求爱，她宁肯放弃自我。

文希的案子，给了我们一个从成年困境回望观察孩子幼时家庭教育问题的视角。

留守儿童的养育和教育问题，一直受到社会关注，文希的案子是一个样本，她以半生的艰难来呈现留守家庭的教育困境。

《中华人民共和国家庭教育促进法》反复提倡，家庭教育应以亲自养育为原则，要加强亲子陪伴。即使对于确实无法带在身边的留守儿童，父母委托他人代为照护的，也必须亲自和子女保持经常联系，定期了解、关爱、关怀他们的学习、生活和心理健康。这是法律对监护人最低层次的提醒和要求。

好在文希从缺爱、失育、失衡的家庭教育世界中挣扎出来了，她明白孩子需要什么样的父母关怀，她对自己的两个女儿非常用心，两个女儿的成长也很顺利。最后，两个女儿十分理解和关怀妈妈，支持她和爸爸解除婚姻关系。法院也将两个女儿的抚养权都判给了文希。

6

被父母
折翼的少年

楔子

"你说你跟孩子的关系是从两年前变得紧张的，变紧张的原因是什么呢？"

假如，我们每天都把家庭卷进情绪的台风圈里，孩子在父母的撕扯中被碾碎和裹挟，哪儿还能有精力完成有效的家庭教育？都把家庭轰炸成一片焦土了，还怎么奢望孩子成才成人？

失衡的家庭关系、亲子关系，难以托载起良好的家庭教育。

"李律师，你给我出出主意，我该怎么办？孩子读初三了，不肯去学校。他爸爸还支持他不去学校，跟我对抗。我方法尽施，实在是没办法了。"

我在给一所学校的家长们上完"以案反思，家庭教育"的法治课后，第二天，一位神情焦灼的妈妈来到了我的办公室，言辞恳切。

"李律师，我儿子是个非常优秀的孩子，他在六年级的统考中，还考过全区前十名的好成绩。那时候，真是人人都羡慕我有个好儿子。可这两年，他青春期，十分叛逆，成绩也一落千丈。到了初三，他竟然连学校都不肯去了。我跟他的班主任对他做了很多次思想工作，还把他爸爸从外地叫了回来，可他就是不肯去学校读书，我不知道该怎么办。"

这位妈妈刚坐下来就直抒胸臆。简短的一段话，透露出这个家庭教育中的很多信息。

一是这孩子并不是因为学不好而厌学的，孩子逃学恐怕有学习之外的原因。

二是在这个家庭中，孩子的父母没有居住在一起。爸爸平时应该对孩子照顾很少，直到事情棘手的时刻，妈妈才想到把爸爸叫回来处理问题。

三是爸爸对家庭教育的支撑力量有限。爸爸回来后，孩子现状并没有得到改变。爸爸对孩子的家庭教育大概也是失能的。

四是日常生活中，妈妈单方面对孩子照顾得比较多，但是孩子抵触妈妈。从妈妈言辞中看得出来母子关系应该比较紧张。而妈妈对孩子的要求是听话，妈妈可能会控制欲比较强。

五是妈妈和爸爸关于孩子的教育理念、方式方法之间可能存在着根本的分歧。

为引导妈妈把事情的来龙去脉讲清楚，我问了一个问题："孩子妈妈，那您觉得，造成今天这种状况的根本原因是什么呢？你们家庭内部有什么矛盾吗？"

这话一问出，这位妈妈便把她对爸爸和孩子的不满一股脑儿地倾述出来。

原来，在孩子教育分歧背后更深刻的原因，还是父母之间的夫妻关系问题。他们的夫妻关系既影响了家庭关系，又影响了家庭教育。

"李律师，我特别瞧不起他爸爸。他爸爸这人，无能，小气，又自私。我儿子有今天的情况，都是他爸爸造成的。"

"为什么这样说呢？"

据这位妈妈所述，她和孩子爸爸原本是大学同学。她准备考研，就跟一些同学合伙在外边租了一处民宅备考。后来，孩子爸爸加入了备考队伍，住了进来。女生们住楼上，男生们住楼下，彼此就成了备考队友。

因为天天生活在一起，两人的关系渐渐近了一层。那时，孩子爸爸表现很好，很体贴，懂付出，虽然出手不阔绰，但很暖心，两人就坠入了爱河。后来，两人考试双双失利，都没考入理想院校，就一起北上闯荡。找到工作并同居一年后，男方因工作需要，被公司调到上海，女方也辞职跟他一起来了上海。

"我没想到，我们到上海后，感情和生活就出了问题，我发现过去对他的认知可能是错的。"这位妈妈一边回忆，一边沉思。她言语中有些懊悔，后悔当初没有当机立断，跟他断了关系。

"到上海后，我本想立刻找工作的，可我发现自己怀孕了。那就结婚吧，先把孩子生下来。这样，我放下了找工作的念头，跟孩子爸爸办了结婚登记。婚后，孩子出生，哺乳期我也很难找到工作，就这样，差不多有一年多的时间，就全靠他爸爸赚钱养家。"这位妈妈陷在回忆里，边想边说。

"按说，孩子出生后不满一岁的那段时间，正是我和孩子最需要他爸爸照顾的时候，可是，那时我对婚姻的前途很迷茫——他爸爸对金钱非常计较。那段时间，他给我的生活费少之又少。甚至每次交房租，都是我反复催他，他才肯把房租钱给我。我很不安，所以，孩子没满周岁，我就出去找工作了。在我上班后，按说我们家庭经济压力小了，我们的关系应该会变好的，可是我们的感情却进一步恶化了。"这位妈妈叹了口气。

"我工作后，有了收入，他又开始跟我计较前一年他对家庭的经济付出。后来，每个季度，我都会跟他计算家庭支出账目，就这样算计来算计去挺不愉快的。再后来，我辞职做生意，赚得比他多，他就更不肯负担家庭支出了。为了钱，我们的关系降到了冰点。

"再后来，为了孩子和房子，我们俩彻底闹崩了。

"在孩子十来岁的时候，我想在上海买房，为孩子攒点儿家业，他不同意。我实在着急，索性就背着他用个人的名义跟开发商签了合同，付了定金和首付，连办贷款都是我一个人去的。他知道后，不愿跟我一起负担房贷。最后，除了同意用他的公积金冲抵每月几百元的贷款外，就再也不肯掏一分钱了。孩子读六年级那年，他被公司派往外地常驻。这些年，他不在家，从未承担过我和孩子的生活费以及孩子的教育费。这几年，我为了孩子读书，请了很多一对一的课外辅导，每年约十万的培训费都由我独自承担。"

孩子妈妈对丈夫的愤怒显然已到了顶点，家庭矛盾看来已经很深了。

"那么，他对孩子关心吗？"我问了一句。

"他根本就不是发自内心爱孩子的。前些年，他不管孩子。这两年，我跟孩子的关系变得紧张，他开始介入孩子的教育。他应该是很早就生了要跟我离婚的心思，他想通过争夺孩子的抚养权，达到从我手中多分走一些财产的目的。这两年他不断在孩子面前说我的坏话，让孩子厌恶我。为了争取孩子，让孩子站在他那边，他对孩子的任何要求，不分对错，全都支持和满足。哪怕孩子的要求明显是错的，他也支持。这让孩子误认为，只有他爸爸是爱他的，对我变得很抵触。任何一件小事，只要我做得有一丝瑕疵，他就立刻在孩子面前大声指出我的失误。他这么做，怎么可能是真的爱孩子呢？他不过是把孩子当成攻击我的工具而已。"

"你说你跟孩子的关系是从两年前变得紧张的，变紧张的原因是什么呢？"

"因为我望子成龙，管他管得太严了。我觉得他那么聪明的孩子，能考出那么好的成绩，我不能耽误了他。我给他报了很多精品辅导班，让他去学很多东西。这些班都是一对一的，很贵，但我舍得。只要对他好，我就舍得投资，舍得培养他。"

"孩子是不想去上课外班吗？"

"最初是不反感的。因为他学习好，在课外班也常受老师表扬，所以，开始他是喜欢去的。但在初二时，有两件事我可能做错了。一次是我偶然翻阅他的手机，发现他跟同班一个女生很暧昧，我就很生气。他这么优秀，如果不专心学习，会丧失大好前途，我不能放任不管。我就找了那个女生的家长。因为跟女生家长谈得不愉快，就吵了起来。后来这事就传开了，闹得人尽皆知，大家都不开心。我后来意识到自己太莽撞，没考虑到孩子的感受。我给儿子道歉，但他不肯接受我的歉意。从这件事起，他就跟我离心了，开始处处跟我对抗。到了初二后半学期，他又天天上网打游戏，成绩直线下滑，我就很生气，把手机摔碎了。因为这件事，跟他的关系彻底崩了。"

"就是因为这两件事，爸爸变得跟你对抗到底了，对吧？"

"是的。"

"这两件事，父亲是怎么看的呢？"

"孩子爸爸当时在外地工作，孩子跟他打电话说，妈妈跟女同学家长吵架了，他就跟儿子讲，爸爸觉得初中恋爱也正常，是你妈妈小题大做。孩子跟他说妈妈把手机摔碎了，他就立刻给孩子买了新手机快递过来，还跟孩子说：'这个手机是爸爸买给你的，你妈无权再摔这个手机。'他为了争取孩子跟他站在一边，就处处和我对抗，目的无非是想从我手里多分些钱财。"

"后来你的做法呢？"

"我发现孩子又有了新手机之后，就让他交出来，孩子振振有词地说：'这是爸爸买给我的，你不能管。'我愤怒地抢过来，从十二楼给他扔下去了。"

"然后，孩子就不肯去学校读书了，对吧？"

"是的。从那以后，无论我怎么劝，他都不肯去学校了。就算我给他买了新手机，他还是不肯去上学。我找了班主任好几次，班主任也来家访过，但他就是不去学校。我实在没办法，就把他爸爸从外地叫了回来，说不定他肯听他爸爸的话。现在已经初三了，耽误不起，索性还是让他爸爸说服他去学校吧。"

"那么，孩子的爸爸回来以后，事情有改观吗？"

"没有。李律师，你完全想不到，他爸爸竟然直接跟孩子说：'儿子，不去学校没关系，爸爸支持你，咱们古代那么多才子，都是在家读书，没上过学的。你在家学习，爸爸辅导你。'他爸爸这样一讲，孩子就彻底躺平了，再也不肯去学校了。"

"那孩子的中考怎么办呢？"

"他爸爸说，他来辅导孩子参加中考。现在情况就是，父子俩天天腻在一起，爸爸在电脑上工作，儿子在旁边复习，可这学习根本没效率。现在孩子见我面，连句话都不肯讲了。"

看得出来，这是个情绪极端不稳定的家庭，爸爸妈妈之间的关系剑拔弩张，孩子也在其中被父母情绪所裹挟。在父母离心离德的环境中，孩子也选择了沉沦，放纵自我。

因此，这个家庭当前最棘手的问题，看似是孩子不肯回学校读书的问题，实质上还是夫妻关系和家庭关系的问题，而夫妻关系又是家庭关系的根本。

在三人的关系中，爸爸与妈妈对抗，爸爸和儿子貌似站在一条战线，联手对抗着妈妈，但这其实是不理性的，是以牺牲孩子长远发展为代价的。如果妈妈的描述没有刻意歪曲事实的话，那么这个家庭，无论是妈妈，还是爸爸，他们在互相攻讦的过程中，都没能客观理性地把孩子的成长利益放在第一位。

听了这位妈妈的叙说，我敏锐地意识到，虽然妈妈说她来找我是为了孩子读书问题，但恐怕她内心还有另一层的诉求。

果不其然，没等我追问，这位妈妈就说："李律师，我不瞒你，我来找您，有两个目的：一是我听了您的讲座，有很多触动，想让您给我一些关于孩子教育的建议；二是我想委托您帮我打离婚官司，您比较懂教育，我想委托您代理离婚官司的话，可能会把对孩子的影响降到最低。从我们家的情况来看，我觉得只有我和他爸爸离婚了，孩子的教育问题才能解决。现在他爸爸为了跟我作对，诱导孩子，利用孩子，这样下去会毁了孩子。我想马上离婚，离婚后，我来抚养孩子，我再努力去改善跟孩子的关系。"

这位妈妈认为，她的离婚和改变孩子的教育困境，是捆绑在一起的同一件事。

我没有立即接受她的委托，为准确预判是否可以收案，征得她的同意后，我拨通了孩子爸爸的电话。

在电话中，孩子的爸爸不放过任何一个攻击孩子妈妈的机会。可是当提到孩子的教育和抚养问题时，爸爸就显得顾左右而言他。他只是一味地指责妈妈养育方式粗暴，但对于如何让孩子尽快复学，长远地规划孩子的教育，爸爸并没有做过思考。爸爸最关注的是他们这套唯一的住房在离婚时怎么归属和分割。这样看来，夫妻感情几乎可以断定是已经破裂了，也确如妈妈所言，他们这个家庭确实没有一个安宁理智的养育氛围，家庭教育环境十分糟糕。

我接受了这位妈妈的委托，为她提起了离婚诉讼。

在诉讼过程中，两个人的纷争仍然在加剧。孩子的爸爸甚至带着儿子到了派出所，要求儿子亲自向警方指证几年前妈妈曾对他实施过家暴，以求得对自己有利的报警证据。孩子的妈妈知道后，将孩子的爸爸赶出了家门。

法官判断夫妻感情确已破裂，在作出准予离婚的判决前，法官单独跟孩子做了一次谈话，征询孩子本人对于抚养权归属的意愿。谈话结束后，法官告知孩子妈妈，孩子的意愿是跟爸爸。妈妈听后失声痛哭。因为孩子已经十五周岁，按照法律规定，父母离婚时，孩子已经年满八周岁的，对于抚养权的归属，法庭要征询并尊重孩子的真实意愿。这位妈妈希望通过离婚改善孩子教育环境的想法落空了。孩子根本不信任她，不想跟她共同生活，这对她是非常沉痛的打击。

在抚养权的问题解决后，法官最后一次为夫妻双方组织了调解，征求双方对房产分割的最后意见。

孩子的妈妈表示，虽然孩子爸爸对这套房子没有出多少钱，但她自愿给予孩子爸爸较高比例的补偿。妈妈在法庭上说了这样一番话："孩子爸爸，我给你这笔钱，虽是以夫妻财产分割的名义，但事实上你没理由拿这么多钱。我给你，只是想通过你，给到孩子而已。孩子今天这么抵触我，我对他已经无能为力。我希望你拿到这些钱后，能真正站在孩子的角度，为孩子的成长，舍得给他付出。他是个资质很好的孩子，却被你我给耽误了。以后，你要好好对孩子。"孩子的爸爸听后，沉默不语。

法院最后出具了民事调解书，这个案子调解结案了。

案件结束一年后，我又碰到过这位妈妈一次。聊及孩子的抚养、教育和探望情况，实际情况并不乐观。在调解书中，虽然也确认了妈妈对于探望权的行使方式，但实际上探望权并未能获得履行。因为调解书生效后，爸爸很快搬了出去，带着孩子转学去了外地，妈妈对孩子的探望无从落地。至于孩子到外地后有没有及时复学，状态如何，妈妈也没有深谈。

这个故事很令人难过。父母离婚对孩子本就是一种伤害，而父母长期的对抗，对孩子来说，更是一种经久的折磨。从某种意义上来说，是父母亲手剥夺了孩子健康成长的机会，让孩子成了折翼的天使。

观察与沉思

几年来，每每回首这个案子，总有感慨。

正如孩子妈妈所说，这个孩子的资质颇优。这么好的天分，却被父母折腾到不肯上学，最后折翼在亲生父母的婚姻纠纷中，实在是令人叹息。这个家庭的夫妻关系、亲子关系，严重失和失衡，最终影响了家庭教育。

首先，从这个家庭的夫妻关系来看，夫妻二人之间不仅事业发展严重不均衡，还存在着激烈的价值观冲突。

在男人看来，"家"更令他在意的是物质属性，他更在意"物质财富"的积累和归属。而在女人看来，"家"的精神属性才是她最为渴求的。

夫妻二人对"家"的界定和期待不同，导致了夫妻关系从一开始就剑拔弩张。虽然他们在一起生活了十几年，但谁也没有认真想过：该怎么去调整认识、减少分歧？怎么去改善夫妻关系？怎么提升夫妻关系的质量？他们只是局限在互相谴责里，从言辞对抗走向行为对抗，甚至走向对儿子的教育对抗，把夫妻关系的"战火"，"烧"到了孩子身上。夫妻关系是家庭关系的基础，夫妻关系错了，家庭关系也就错了。

其次，从这个家庭的亲子关系来看，也存在着严重的失衡。失衡的亲子关系，难以托载起良好的家庭教育。

从母子关系来看，早些年，妈妈有着过强的控制欲。她要求孩子听话，处处服从自己。对于孩子的青春懵懂，对于孩子的沉迷游戏，有着千万种方法可以迂回奏效，可是妈妈因为太急于控制，反而导致孩子彻底逆反，不肯读书。后来，她也希望通过物质补偿，取得孩子谅解，换得孩子的妥协。无论前期的控制，还是后来委曲求全的妥协，其实都表现了妈妈对孩子的尊重不足，侵犯有余。母子关系中，妈妈一直追求的都是主导和掌控，而没有把孩子作为一个对等的独立主体，充分尊重孩子的意见。孩子的同学关系，妈妈可以随意地破坏；孩子的手机财物，妈妈可以随意地丢弃，这反映出来的并不是妈妈对孩子的爱意有多深，而是妈妈失控的情绪有多强烈。控制和被控制，其实才是妈妈界定的母子关系。这种母子关系导致母子地位严重失衡，长此以往，孩子必定逆反和反击。

从父子关系来看，爸爸对儿子的爱护不够，疼惜不足，长远的规划和引领缺失。爸爸为了能够在法庭上对抗妈妈，竟然要求孩子去派出所指证多年前妈妈曾经因情绪崩溃而产生家暴倾向，这种指证会对孩子产生多么深远的伤害和影响，爸爸丝毫没有顾及。为了让孩子与自己站在一起，爸爸无节制地迎合孩子明显不合理的行为。在这个案件中，父子关系貌似和谐，其实掩盖着巨大的失衡。父爱，并不如山，杂音太重，并不纯粹。

在这样的夫妻关系和亲子关系中，夫妻二人，谁也没有关注到孩子内心世界的颠覆和失衡。他们的行为，已经偏离了对孩子进行教育的本意。

既是教育孩子，却又不关注孩子的意愿、利益和体验，怎么可能做得好家庭教育呢？

教育学，首先是关系学。

家庭教育学，首先也应该是家庭关系学。

只有在和睦互敬的家庭氛围中，才能润物细无声地完成家庭教育。《中华人民共和国家庭教育促进法》倡导监护人及其他共同生活的家庭成员应当注重家庭建设，构建文明、和睦的家庭关系，说的就是这个道理。

假如，我们都把家庭轰炸成一片焦土，那还怎么奢望孩子成才成人？

假如，我们每天都把家庭带进情绪的台风圈里，每人都被裹挟，哪儿还能有精力去完成有效有益的家庭教育？

愿父母携手，平稳育儿。

7

不自律的
乖女儿和女魔头

楔子

"她对自己怎么一点儿自我要求都没有呢？怎么就完全不自律呢？"

孩子身上仿佛都有一堵无形的墙，让家长们望墙兴叹，无能为力。家长们以为教育就是个力气活，只要不断投入资金，加强监管，大声呐喊，就能唤醒孩子。殊不知，一味用蛮力根本无法唤醒孩子内心的小宇宙。

本篇是双案，两个视角，体现同一问题。

这是两所学校的校园伤害案件。两个案件的当事者——两位初中女生，她们在案件中的地位不同，一位是受害人，一位是加害人。两个案件的监护人——两位妈妈，她们在案件中的状况也不同。一个是对"逆来顺受、不知反抗"的子女急得跳脚，一个是对频繁惹事的"女魔头"伤透了脑筋。

两个监护人妈妈却都在案件处置过程中发出了同样的感慨，问了我同样一个问题，不由得启发我们对于家庭教育应然状态的思考。

案件一涉及受害方。在这起校园伤害事件中，这位女生没有任何过错，是个单纯的受害者，在校园里莫名其妙被几个同学找茬儿欺负了。事发时女生没有做任何反击，默默承受了这种欺负，事后也并未告诉学校和家长，导致学校和家长都没有在第一时间知道此事。此事被发现是因为其他同学告诉了老师，学校随即通知各方家长来校处理此事。

我作为学校法律顾问参与了此事的处理。这位妈妈见到我并没有像其他类似案件受害人家长一样，指责学校管理不周，严令对方孩子和家长一定要承担法律责任等，而是坦言道："李律师，我不着急对打人的孩子和家长追责，这个不难，只要按照法律规定解决就好了。我真正担心的是，我女儿这么懦弱可欺怎么办？她性子像个面团一样，任人欺凌，逆来顺受。每次出现这样的事情，都是这么个结果。每次出事，都是我出面给她解决，她唯唯诺诺，一点反抗意识都没有。你说她怎么一点儿青春朝气、敢作敢为的劲儿都没有？"妈妈恨铁不成钢。

我和这位妈妈坐下来，单独交谈了女生的情况。

"您家孩子之前也发生过类似的事情，是吗？"

"是的，在六年级的时候，就发生过。"

"您说孩子懦弱，指的是她不敢反抗其他同学的行为，对吗？"

"不是的。我说的不只是她甘受欺负这件事，她在其他方面也是这样的，我感觉她对任何事情都是逆来顺受，不反抗，也不提出不同意见。"

"具体什么事情呢？"

这位妈妈就把自己的忧虑说了出来："她在生活上、学习上都是如此。比如，在家里明明有件事是她不想做的，假如我和她爸爸要求她去做，她也会顺从地去做。她在学习上也是如此。假如她正在画画，但我觉得画得太久了，让她停下来赶紧去写作业，她就会放下画，去写作业，也不反抗我。"

"那就是说，她是个很乖的女儿，对吗？"

"不是的，她的状态不是乖，她是完全顺从，逆来顺受，没有自己的主见。另一面是，她从来不主动做什么，所有事情都需要我不断催促她、监督她、管教她。她完全依靠我的监督来做事。一个青春期的孩子，正是朝气蓬勃的时候，很多同学还会逆反，可她，不仅没有斗志，没有朝气，没有想法，甚至好像连脾气也没有。一切事情，都显得她被动又懦弱。

"李律师，你说她怎么完全没有自己的想法，也完全不自律呢？"

"她这个样子是从什么时候开始的呢？"

孩子的妈妈陷入了回忆："大概是从升入初中开始的。小学时，她的状态还挺好的，人很活跃，学习不错。自从升入初中，课程繁重，成绩下滑严重，我就给她报了一些辅导班，但没见好转。我可能有些焦虑，就经常督促她。她一开始也着急，还跟我吵。后来，不知道从什么时候开始，她就不怎么跟我吵了，也不怎么说话，不知不觉地就变成了现在这样。"

"孩子有什么特长吗？"

"哪儿还有什么特长？学习总被同学们'压着打'，根本没时间去发展特长。"

在这位妈妈看来女儿消极、沉默、顺从、不反抗，是一种逆来顺受、被动且麻木的人生态度，既对人生没有追求，也完全不自律，对自我没有要求，这让她感到很焦虑。

第二个案件，涉及加害方。在这起校园伤害事件中，这位女生就是个"女魔头"。她已经换过一所学校，据说在前一所学校里，因故意伤害同学被对方告到了法院。她刚转到现在就读的这所学校不到两个月，因课间拉着同学狂奔，一不小心撞在门上，导致同学骨折。这位监护人妈妈也是十分苦恼。

"李律师，我知道我又要赔钱了。我是既心疼，又头疼。我真是不知道这孩子为什么一点儿都不让人省心，不知道吸取教训。刚转学又惹出事来。"

这位妈妈的语气也是恨铁不成钢，无可奈何。

这两个案件中的母亲，一个是受害人的监护人，一个是加害人的监护人，但有着同一种困扰：对于孩子的管教，她们的努力好像都是失灵的。无论她们说什么，这些话都没走进孩子的心里去。两个孩子，一个用逆来顺受的消极方式，表面看来仿佛听取了意见，但实际上在用沉默、隐忍，无形地跟母亲消耗，对抗着母亲的引导、安排和指责；另一个则是用惹是生非的积极方式，打架、闹事、张扬自我，以一种正面硬刚、强烈冲突的方式挑战着母亲的权威。

两位妈妈就像是一通乱拳打在棉花上，力量瞬间消于无形。女儿身上仿佛都有一堵无形的墙，让两位妈妈望墙兴叹，无能为力。

后面这位妈妈问："你说这个孩子，她怎么屡教不改呢？万事都要靠我监督和处理，她对自己怎么一点儿自我要求都没有呢？怎么就完全不自律呢？"这位妈妈也向我问出了同一个问题。

两个案件，表面对立，实则同一。

涉及校园伤害案件，如果仅从法律角度来分析，无非就是调查清楚事实，分清楚对错，正确适用法律、适用校规校纪，让有过错的一方担责，无过错的一方获得精神安抚和物质赔付。如果学校有过错（特定情况或被适用过错推定），那学校也要适当担责并改进不足之处。可是，对于校园伤害事件，仅从法律意义上进行事务处理，显然是不够的。

正如两位妈妈所担忧的，法律事务的处理有据可依，能解决当下问题。但影响深远的是怎么找出孩子状态的症结，帮着孩子走出困境，实现健康成长。

而这正是学校教育和家庭教育携手共育的职责，是共同目标所在。

观察与沉思

两个案件，反映了两组矛盾。一个是教育的外力与内力之间的矛盾，另一个是孩子在青春期的教育需要与家长落后的教育认知之间的矛盾。

首先，我们来看教育的外力和内力之间的矛盾。

两案母亲说起的自律问题，其实是孩子的内动力问题。教育的终极目标是要求孩子听从父母或老师的管教吗？当然不是，教育的终极目标是要启动孩子的内动力。

就青少年的教育而言，学校和家庭，是两个重要的教育场所，也是学生教育系统中相互贯通和影响的两个体系。但是，无论是学校教育，还是家庭教育，实质都是一种外力教育，都是教育者将其掌握的知识和技能等，通过外在传授，供青少年学习和掌握。不过，作为被教育者的青少年，他们对于教育内容的习得和吸收，并非是单纯被动的，他们自身有着相对独立的思考和能动性，有着不可估量的小宇宙。

教育的本质，不是单向的灌输，不是自上而下的控制，不是由外而内的监管，而是最大限度地启动教育对象的思想内核，让他自内而外地开启他的自我认同、自我激励、自我教育。

外界的教育之力，只有作用于孩子们的内心，才能真正起到教育作用。

上述两案，两位母亲的努力都没能将外在的教育要求转化成孩子内心的认知和认可。她们缺乏科学的教育理念，妥当的教育方法，没有足够的教育储备，没有循循善诱、春风化雨的教育能力。她们并未认识到，其实她们自己并不应该是教育的最关键要素，她们只是一个外力。

虽然两位母亲都在反复抱怨自己的孩子不自律，需要反复监督和推动。但是，她们的言行举止中，又隐隐有一种"暗语"，似乎她们对自己的高度监管行为有着一种隐隐的"自豪感"——你看，我作为妈妈，我为孩子付出了这么多！我是一个多么好的妈妈！只是，我的孩子还不够懂事而已，怎么能让我的孩子懂事呢？

这样的思维，隐含着家长持有一种教育者主导的思维，家长们认为自己的监管才是主导性力量，这是一种外力主推的教育模式。家长们没有看到甚至也不想承认自己的努力其实只是孩子教育的一个外力。这种模式，随着孩子们在青春期的发育发展，会遭遇越来越多的教育阻抗。

为此，在家庭教育中，我们家长要注意跳出自己的"主推"思维，变成"助推"思维，要擅长看到孩子的外在所需，内心所想，研判她们所处的年龄、环境特征，观其言，观其行，观其心，以有效的沟通和妥当的应对，来把外力变为内力。

两案中的母亲，她们外在的家庭教育之力没有找准着力点，未能撬动孩子们自我教育的基点，孩子们自律学习成长的小宇宙还在沉睡中，未能爆发。

其次，两个案件，反映了孩子在青春期的成长需要与监护人滞后的教育认知之间的矛盾。

青少年的成长历程是一个逐渐去父母化、去监管化，形成自我，逐渐独立的过程。这个过程，特别是在孩子进入青春期之后，发展得更快，更迅猛。

小学升入初中，标志着青少年群体青春期的全面来临。

与小学阶段相比，孩子升入初中后，面临着全方位的巨大跨越。一方面，他们在生理上逐渐发育成熟，与身体成熟相一致的，他们的自我意识空前觉醒。另一方面，他们又经受着全方位、高难度的挑战。进入初中后，孩子的学业难度和广度急剧攀升，"内卷"竞争进入白热化。再者，进入初中后，孩子们的社交属性极速发展，他们对校内同伴社交的重视程度和依赖远高于他们对亲子关系的重视程度和依赖，他们在校内都有自我的"人设"营造，并为此进行着各种尝试，他们貌似大胆，实则谨小慎微地处理着校内的社交关系，他们的思维方式也跟小学有了显著不同。

可以说，小升初是青春期变化的一个巨大的分水岭。

随着这些变化的来临，青少年不再满足于过去由监护人主导的教育模式，他们重视自我，渴望独立，期待得到伙伴的认同，希望摆脱父母的羽翼，独自做出决策。为此，他们自愿或被迫地接受着各种挑战，承载着各种压力，希望在学业、社交等各方面挑战中证明自己，赢得尊重。

这些，都是孩子在小升初的跨度中发生的变化。

可是，我们的监护人，往往并不了解小升初的跨越性特征。他们怎么也想不到，"小升初"竟然成了一个教育理念和方式的分水岭，更没有做好认识上的准备，思想依然停留在原地，孩子还是原来那个孩子，教育还是原来那种教育。殊不知，家长们的这种教育认识已经远远落后于孩子们青春期发展的需要，跟不上孩子们的发展步伐，造成了家长之"供"和孩子之"需"的教育失衡。

这种失衡，在孩子遭受挫折时更加明显。

当孩子们在挑战中失败时，家长们的应对方式，并没有跟上孩子们的需要和期待，家长往往以为只是孩子不适应，是孩子懒惰，是孩子不如其他同学努力，因此只是一味地去加强监管，让孩子在已经摔倒的跑道上带伤加速奔跑，这样带来的只能是孩子对父母深深的失望。

孩子在新阶段受挫时，内心就已万般焦急，他们比家长更希望自己能在初中有个好的开场。挫折发生后，他们也在向内进行着摆脱困境的探索。也许，孩子骄傲的自我意识，令他们不肯开口向父母求助，但是内心必定期待父母能够给出明智的指导，给他们建设性的意见。可是，当他们发现，父母能够给出的指令，只是严令他从跑道上爬起来，带着伤再加速奔跑，除此之外别无建言的时候，他们在一次两次的勉力服从之后，就会发现这根本不是解决之策。这时候，孩子会发现他的发展需要和家长的教育理念和教育能力之间严重不平衡，他认为父母并没有有效帮助其解决问题。在这种情况下，孩子对父母的认识，就从小学时的认可，走向中学时期的失望，渐渐再从失望累积成不满，孩子对父母的教育监管也不再认同。慢慢地，他们开始用躺平、不自律、放弃自我要求等方式来挑衅父母，对父母的权威发出有形或者无形的挑战。

第一个案件中的女儿，在升入初中之后，首先遭遇了学业的滑铁卢，这沉重打击了她的自信。小升初后，初中阶段的学习广度和深度跟小学阶段相比，是断层式的提升，课业难度天差地别。孩子们从小学时期的三五门课，一下子提升到初中的十来门课，而且学科的理解性要求明显提高，单纯记忆性的内容显著减少，很多孩子不适应。如果我们把孩子的学业成绩用抛物线来表示的话，很多孩子的抛物线在五年级时达到最高点，然后六年级开始走下坡路，七、八、九年级沿着下坡的颓势一路下滑，这种情况非常多见。相当多的孩子在初中很难做到全科全面卓越发展，这是客观事实。毕竟，学业越向前精进，难度越高，出现分流分叉的可能性就越大。

因此，监护人不能对孩子们在初中阶段的学业特征和处境一无所知，只是一味地把孩子推着向前。同时，监护人也不能把自己承担的家庭教育职责简单理解成课业辅导，并把课业辅导外包给教辅机构，让机构老师去提升孩子的成绩。殊不知，孩子的功课能在机构老师那里得到辅导，但孩子的人生问题，只有正确的家庭教育才能给予帮助，谁也替代不了监护人的家庭教育。

假如我们是第一个案例中的女儿，刚刚入学的我们该是多么的慌乱和无助。在最慌乱、无助、茫然的时候，内心最期待的当然还是妈妈能够懂我们，能够帮助我们拨开迷雾，给我们最有力的支持，协助我们建立起自信、积极乐观的态度。

因此，身为监护人，首要的是对孩子的教育困境有全面的思索。全面了解孩子在小升初阶段面临着什么？这个阶段有什么特征？我们要综合研判和分析孩子的潜能、优势、劣势，以及他们能否全面胜任当前面临的所有挑战。为此，家长需要做到：知己——了解自己的孩子；知彼——了解学业特点和青春期的规律；知环境——了解家庭和学校等可以提供给孩子的辅助措施，最后对家庭教育的导向作出合理的、符合现实的研判，协助孩子跨越学业上的困境。

如果孩子真的不擅长某科目的学习，未必一定要为难他实现全面发展。如果孩子有其他特长，未必不可以将特长作为发展的路径。

知己知彼，客观分析，决策方向，全面爱护接纳孩子，这些都是只有家长才能做的工作。

在第一个案例中，我们发现妈妈并没有这样的意识，她在孩子学习成绩下滑后，所做的唯一工作就是不断加强监管力度，不断为孩子报辅导班，不断要求孩子服从。说起来，家长总是希望孩子们开动脑子去学、去努力，但是家长自己并未努力去学习、了解、分析教育环境、教育措施、教育阶段、教育理念。

那句"学习总被同学们'压着打'，根本没时间去发展特长"，反映出了妈妈不肯对孩子的处境做全面的分析，以为成绩就是一切。家长对于初中阶段的学业特点一无所知，还停留在小学阶段死记硬背就可以得到好成绩的认识上，简单草率地把家庭教育托付给了某个教辅机构。

并且，在第一个案例中，我们发现，这位妈妈除了不了解初中阶段孩子面临的学业复杂性，还不了解初中阶段孩子需要的多面性。不了解孩子的自信未必一定来自学业，而那些不只来自学业的自信，一旦建立起来之后，也会反过来促进学业发展。

初中是孩子们全方位发展自我的关键时期。在这个阶段，孩子们的自信未必只能来自学业成绩，可能来自很多方面。孩子的特长，就是他最容易树立自信的领域。有了自信的孩子，学习效率也会发生变化。我们都有过这样的经历，在缺乏自信的时候，会感觉眼前的任务一筹莫展，这时候，我们看山是山，看水是水，无论怎么下功夫，都很难跨越；但是在自己拥有自信的时候，我们常常感觉任务没有那么难，这时候，反而能跳出思维定势来破局，实现自我突破。

所以，在孩子遭遇挫折的时候，监护人需要意识到，孩子面临的真正困境到底是什么？他内心到底在经受什么？成绩受挫可能只是一个表象，内里到底是什么？我们怎么为他提供外在条件，才能改变他内在的认知，激发他自身的潜能，自己去照亮自己？这样才能帮助孩子真正实现自我的成长。

然而，在这个案件中，母亲只是单纯地加强监管，孩子在母亲给予的狭窄通道中一再受挫，最后导致孩子的自信彻底崩溃。这对孩子和家长来说，都是灾难性的。孩子把对自己和对母亲的失望、迷茫、不满，转变成了一种理不直气不壮的逆来顺受、自我放弃，她以一种消极的方式，勉励维持着初中生活。

第二个案件，孩子入学初期，也并不是"女魔头"，是后来学业和社交的双重挫败，才让她开始用与母亲抗争的方式吸引他人关注。

初中那些频繁惹事的孩子，压力往往出在社交方面。一方面，他们本身就是伙伴社交压力的制造者；另一方面，他们也是在校园社交的压力之下，想改变自己的社交关系，才会行为过当，言语过激，甚至频生事端。"女魔头"的行为背后应该有很多诱发机制，但是，母亲对此一无所知。

她们一个用沉默，一个用抗争，在迷茫中维持、强调或重建着自我，否认母亲，对抗家庭教育。

因此，这两个案件，其实并不是母亲的高度监管和孩子的低度自律之间的冲突，而是孩子复杂的青春期需要与监护人停滞不前的教育理念之间的失衡。

如果根据教育举措的影响力大小做一个区分，我们会发现家庭教育举措，其实有着"道"与"术"之别。那些影响家庭教育总体走向的大问题，涉及的是家庭教育战略的认知，我们称之为"道"；那些只影响家庭教育一时一刻的小问题，涉及的是对家庭教育战术的认知，我们称之为"术"。我们发现，很多家长，他们懒惰到只想在"术"上解决问题。她们只想随手逮住个专家，问个小窍门，开个药方，让孩子服下去，孩子立刻就变得好学上进，而自己马上就可以高枕无忧。他们从来不去认真思索家庭教育之"道"到底应该如何发展。

只走路，不看天，其结果就只能是见叶是叶，见山是山，看不到问题后面的问题，我们再用力，也只会是蛮力。

8

生理冲动易来，
责任难担

楔子

"什么是性教育？"

防性侵和防性骚扰，仅是一种消极安全保护。性教育内容涵盖更广，它不仅是一种消极安全保护，更是一个人健康发展的问题，甚至还涉及家庭幸福的问题。

周末我接到了一所学校的电话："李律师，我们遇到了一件很棘手的事，您方便来一下学校吗？"放下电话，我到了这所学校。周末来电，事情必然棘手。

这是一所民办高中。在接待室，我见到了一对神情激愤的父母，他们怒目坐在校长对面，老师和保安也在。办公室的氛围既尴尬又紧张，显然交谈不是很愉快。

在来学校的路上，通过电话我大概了解到情况是一名高一女生的家长，前一天夜里跟班主任反映自己的女儿被同班男生拍了不雅视频，该视频还在男生圈里传播，他要求学校马上处置。班主任接到电话后，立即向校长做了汇报。校长连夜组织老师进行了初步调查，并联系了男生及其家长，男生手机里的视频已经删除了。现在女生家长来校，要求学校严肃处理这名男生。

我赶到后，这位女生的父亲马上说："校长，既然现在律师也来了，我们要看到学校处理这名男生的态度。"这位父亲显然对学校之前的反应很不满意，认为学校处置迟缓，不能全面维护女儿的权益。

我看了一眼这位父亲，示意他缓和一下情绪，请他向律师介绍一下事情经过。事情要怎么处理，要看事情是怎么发生的，这依赖于对事件全面的调查。仔细听取受害方家长的叙述，是事件处理的重要一步。

这位父亲寥寥数语，做了简短说明。

据这位父亲描述，他的女儿是一名高一学生，品学兼优。最近这两个月，孩子的行为习惯变得有些糟糕。这周突然说不去学校上课了。他反复追问原因，女儿就是不肯说。直到昨天晚上，一位同学家长打来电话，他才知道男生圈都在说他女儿跟同班一名男生发生了性关系，还被拍了视频，男生中有好几个人看到这个视频。同学们对她议论纷纷，她就不肯去读书了。父亲知道后，第一时间要求学校立即处置。

父亲陈述完毕后，班主任也就昨晚调查的情况做了补充。班主任表示，这样的事发生在这位女生身上，他们也觉得十分意外。

正如父亲所说，女生很优秀。她的入学成绩是班级第一。入学之后，各方面都很突出。她不仅学习好，口才好，形象也好，是班里的语文课代表，还是学校健美操队的领队。发生这样的事情，老师们也想不通。

不过，班主任也反馈，根据昨晚他对男生一方的调查，事发时间和事发地点都不在学校。两名同学是趁着上周周末在校外私人影院看电影时发生的关系。而且，据男生表达，女生是自愿发生关系的，拍摄视频也是自愿的。他并没有对外传播视频，而是寝室同学偶然看了他的手机，又偷偷转发了视频，这才被其他男生看到了。

女生家长对调查结果并不认可，坚持说自己的女儿不可能做出这样的事，并且他们不想细究事发原因。他们认为，既然是学校的学生，学生之间发生这样的事，无论事发原因如何，都要对男生做出严肃处理。无论是拍视频的，还是转发视频的、看视频的，全部都要严肃处理。

面对这种情况，家长做出这样的反应，我们十分理解。但因为事件调查并未完成，女生父母也还没有听到女儿本人的陈述，男方家长也还没到校，情况了解还不全面，所以，学校承诺女生家长，将在一周之内完成全部调查，并给出处置意见。

经过学校一周的调查，事件全貌有了呈现。

事发当日，确实是男生和女生自行去私人影院看电影。因为是周末，两人的行为学校并不知晓。当日，在私人影院里，两人自愿发生关系，并且自愿拍摄了视频。

据调查，之所以这位老师和家长都看好的女生，会以这种方式与男生走到一起，其实是源于女生在高一阶段并不愉快的经历。

原来，这位女生在入学后，确实在各方面表现都很突出。但也正由于自身优秀，慢慢地她竟被其他女生称为"丑小鸭"群里的"白天鹅"。开始她还以为这是大家认可自己、羡慕自己，后来她发现这竟意味着她被"丑小鸭"群体所孤立。第一个学期过后，这位女同学就在学校里没有了同性伙伴，来自同性群体的排挤行为越来越多。她的社交心理压力越来越大，情况变得越来越差。

其实，这时候，家人如能及时发现孩子的异样，立刻追根溯源，对孩子进行引导，或立即向学校反馈，寻求家校合力，应该很快就可以扭转这种微妙的局面。可是，女生的母亲因为工作繁忙，对女儿的状态并不了解，而父亲并不理解女孩子青春期的细微变化，他还以为女儿只是学业压力大，情绪有些起伏，并未往心里去。这对父母和很多父母一样，对于子女所在学段容易发生的情绪和社会关系变化，一无所知。所以，女孩虽然觉得委屈，却无处倾诉。

某日放学，正值暴雨，妈妈又出差了，爸爸因工作没来得及接女儿，其他女生都三五成群地离开了，只有她一人滞留在校园。她既不想回家，又静不下心来读书，就在校园里漫无目的地闲逛，不觉间来到了校园一角的音乐教室。

教室里，校园乐队的几个男生正在排练，她就在那里怔怔地观看。乐队成员里有他们班的一个男生，就跟她打了个招呼，她也笑笑回应。从那以后，每当无聊时，她就去看乐队排练。渐渐地，有人打趣男生和她在谈恋爱。在大家的玩笑下，两人关系暧昧起来。男生住宿，放学后的时间比较宽裕，他们常在一起散步聊天。交往多了，女生学习受到了影响。

事发的那个周末，男生跟家长说学校有功课，就没有回家，而是跟女生约好了去看电影。在私人影院，受剧情影响，不由得发生了关系。在男生提出想拍视频的时候，她也没有拒绝。但是，他们谁也没有想到，这段视频后来竟然会被男生寝室的同学发现，并且转发到自己手机上，又被其他几个男生看到。其他男生的家长告诉了女生的父亲，这才发生了开头那一幕。

事发之后，这个女生淹没在女生们的冷嘲热讽中，再也不敢回校读书。当事男生也没有回校。两位当事人对这件事的后果，都不能承受。

调查期间，双方监护人和学校多次沟通，双方家长也了解了事情全貌。女生家长从一开始的暴怒，到后来渐渐理性。男生家长认真代孩子向女生父母表示了歉意，并表示自愿补偿，在学校对这件事做出处理前，主动向学校表示，他们已经决定为孩子安排转学，在转学手续办好前，男生不会回校上课。女生父母想到自己女儿也是自愿的，就不想再将此事扩大，不再坚持要求学校对这名男生做出处理。他们本想让女儿回学校读书，但女儿坚决不同意返校，后来也考虑为孩子更换一所学校。

因双方监护人都为自己的孩子做了转学安排，学校也尊重双方监护人的决定，这件事情针对当事双方的处理部分就算过去了。

但是，对于传播者的行为，学校和家长还要认真严肃地做出处理。那位擅自将舍友手机上的视频转发到自己手机上，并擅自出示给其他男生观看的男同学，其行为明显具有侵害性质，主观上也具有明显的窥探和传播恶意，需要做出严肃处理。

令我们感到意外的是，这名学生对自己的错误行为并没有充分认识，其监护人更是为孩子百般辩解，家长和孩子对这种传播行为表现得毫不在意，甚至迟迟不肯删除视频。

为此，学校邀请了时任检察官的法治副校长、民警、法律顾问一起约谈了这名同学和其监护人，并向他们提供了最高检的类案指导判例。指导判例载明：若其不能主动停止侵害，受害人可通过法院适用人格权侵害禁令，裁定禁止其以任何形式存储、控制和传播该视频，禁止借该视频实施任何不当行为。届时，该男生的行为将受到法律的制裁。对受害人造成精神损害的，还应承担赔偿责任。

约谈之后，该男生及其监护人删除了该视频，并做出书面承诺，进行了赔礼道歉，停止了侵害。学校也依据校规校纪对他做出了处分。

事件处理结束了，学校考虑到班风班纪建设还要加强，就为班级更换了一名经验丰富的班主任，加强了班级管理和班风重塑。学校也加强了校风校纪建设，建立了防欺凌、防性侵的制度和机构，强化了对学生实施保护的手段，并依据《未成年人学校保护规定》，对于学生间恶意排斥、孤立他人，影响他人参加学校活动或者社会交往的行为等建立相关识别和救济制度，预防此类事件的再次发生。

观察与沉思

本案映射了家庭教育和学校教育的双重问题。但因本书的着眼点重在家庭教育方面，所以，对学校教育暂不着墨，只分析对家庭教育的一些启示。

本案涉及青少年的性教育问题。初高中阶段青少年往往对性抱有强烈的好奇，甚至持有开放的态度，但这种好奇和开放的心态又与他们没有接受过完整的性教育现状之间存在一种严重的矛盾和失衡。

至少当前，很多家庭并没有对子女实施性教育的意识和内容。

其实，对于什么是性教育，很多家庭往往存在着狭隘的理解。很多家庭只把它界定为一个防性侵、防性骚扰的问题，但这远远限缩了性教育的内涵。防性侵和防性骚扰，仅是一种消极安全保护的问题，但是性教育的内容更广泛，它不仅是一种消极安全保护，更是一个人健康发展的问题，甚至涉及家庭幸福问题。

至少，在青少年阶段，我们不能单纯只考虑防范性侵，还要考虑到孩子们在年满14周岁以后合法发生性关系的可能。在法律已经不能阻止他们合法自愿发生性行为的时候，怎么让科学的性意识、性认识、性知识，为他们把好青春成长之门。

就本案的男生和女生而言，他们在高一时段，已有了对性的懵懂、好奇和冲动，但是，他们对性行为保护和性行为后果的认识还是一片空白。因此，他们对性缺乏充分理性的认知，他们有了冲动的性行为，却并不具备承担后果的觉悟和能力。

就性教育的实施而言，家长在其中扮演着重要的角色。

对女生家庭来说，随着女儿年龄的增长，母亲角色的作用越来越突出。母亲既可以为女儿介绍和分析同伴关系、同性心理，还可为女儿分享异性懵懂、狭义的性教育。案件中的母亲因为工作繁忙，教育意识淡薄，完全缺位了女儿的性教育。对于女儿的性教育，父亲即使在女儿身边，也难以补位实施。

对男生家庭来说，男生进入青春期后，父亲的作用也越来越明显。案件中的父亲没有承担起对儿子进行性教育的责任。

孩子们对于性教育的需要和家长们对实施性教育的认识以及对性教育的理解，完全失衡。

另外，在本案中，同学之间发生了这样的事情之后，身为监护人如何应对和处理这样的事情，其实也是一种深刻的家庭教育。父母是理性地、负责地解决问题，担当起行为的后果，并甘愿付出代价？还是毫不负责地推诿，逃避责任？这反映出监护人的品格和素养，同时，这些处事态度方法也都被孩子们看在眼里，记在心上。这本身就是一种监护人现身说法式的言传身教。此刻的言传身教，会让孩子铭记一生。

家庭教育，与其说是父母在教孩子知识，不如说是孩子在看父母怎么做人。为人父母，应当有律人＝律己（管教孩子＝管教自己）的视角，看自己，看孩子，看人生发展。只有这样，才符合"监护人"三个字的身份资质。"监护"之语，隐含的一个前提要义就是监护人本身身正德正有担当。愿我们所有"监护人"都对得起"监护"二字，率马以骥，身正示范。

分裂
与
融合

CHAPTER 3

- · 儿子为何起诉父亲要改姓名
- · 抑郁症：家是港湾，爱是退路
- · 夫妻和孩子，谁才是家的核心
- · 家暴之下，父、母、子的成长之路

家庭教育与其说是一种教育形式，不如说是一种长期的家庭熏陶。

家庭只有保持一个稳定、长期、统一且自洽的教育内核，才能持之以恒地影响孩子的发展。

如果家庭教育的主要实施者自身没有与社会融合且能自洽持久的教育理念；

如果家庭教育的决策成员之间，对家庭教育的认识不能统一；

如果家庭发生关系裂变、精神裂变、行为裂变；

如果我们连"何以为家""何以为婚姻""何以为教育"的基础认识，都南辕北辙……

那么，作为家庭教育基础和前提的要素——"家"和"教育"，就会发生"精神分裂""人格分裂""行为分裂"，在这样的土壤上养育出来的秧苗，自然也会陷入"分裂"的泥潭。

家庭教育的分裂与融合，是一个关系着孩子的成长环境与教育质量的话题。

我们中华优秀传统文化之所以强调"和合共生""和而不同"，就是因为看到了分裂和冲突的破坏作用，而与这种破坏作用相对的，就是融合的塑造力量。

所以，我们在家庭教育当中，要有效地避免家庭教育的影响要素发生分裂，要努力塑造开放、多元、兼容、并包的融合性家风，把孩子的教育放到开放、融合、平等的关系中去落实，把家打造成一个价值融合、个性融合、感情融合的交融体。

9

儿子为何
起诉父亲要改姓名

楔子

未成年人的姓名到底是谁说了算？

"我是他父亲。儿子改名字要经过我同意。"离异多年后，一位父亲被他13岁的儿子给告到了法院，理由是父亲侵犯了儿子的姓名权。

如果我们说，离异是一个家庭的分裂，那么，我们作为监护人，必须注意不能把家庭的分裂作为对孩子教育、抚养和保护的分裂之源。

肖大明（化名）这两天非常恼火，看什么都不顺眼。邻居无意间的一句话，更是火上浇油。

"老肖啊，人家说家庭教育，是教孩子怎么学习，教孩子怎么成长，你可倒好，你这是教孩子怎么维权啊！"

肖大明一听，邻居这是在挖苦他，说他多年不管孩子，突然要管了，还被年仅13岁的儿子给告了。他可不是教给孩子怎么维权了吗！肖大明很生气，可肖大明觉得，自己没做错。儿子肖天泽（化名）是他亲生的，就得姓肖。

肖大明将事情经过告诉了律师。

原来，十几年前，肖大明曾有过一段婚姻，他跟前妻是经朋友介绍认识的，前妻名叫郑小凤（化名），是位老师，为人很好，对老人、孩子都十分照顾，日子也算和谐，生活尚可。曾经，肖大明也以为自己的日子就这么平淡地过下去了，不会再有什么波澜。

可他没想到，在儿子肖天泽三岁的时候，他又遇见了自己的初恋。

当年他跟初恋爱得轰轰烈烈，难舍难分。后来初恋出国深造，加上两家条件差距太大，肖大明爱而不得，只好经人介绍跟小凤结了婚。

四五年后，初恋回国，他们再次相遇，擦出了火花，肖大明跟初恋旧情复燃。

这件事，曾一度让他很自责，觉得对郑小凤有愧。可是，曾经的爱而不得，之后的失而复得，那种折磨人的感受，让他再也不能跟初恋分手。

在这种情况下，郑小凤没有跟他大吵大闹，而是友好地跟他协议离婚。郑小凤唯一的要求，就是儿子肖天泽归自己抚养。肖大明内心有愧，便依了小凤的心意，三岁的儿子肖天泽就跟随母亲共同生活。

在跟前妻离婚后，肖大明很快就和初恋步入了婚姻殿堂。因为他跟前妻离婚，导致父母和亲友们非常不满，父母也不理他了，朋友也都疏远了他，人们都觉得他不厚道，他陷入了众叛亲离的处境。

在这种情况下，肖大明便一心投入自己的新家庭。新家来之不易，他倍感珍惜，为了不令现任妻子误会，他也不再跟前妻来往。

　　所以，离婚后，肖大明再也没有联系过前妻，也没有探望过儿子肖天泽，不过抚养费他都按时支付。

　　就这样，他在前一段婚姻和现在这段婚姻之间划出了一道清晰的界线。

　　"那为什么你现在又跟前妻和儿子有联系了呢？你儿子起诉你，总得有理由吧？"我问肖大明。

　　肖大明叹了口气，继续回溯过往。

　　生活的发展并不总是遂人意。肖大明再婚后，很快又生了一个女儿，他视为掌上珍宝。可能是因为自己没有照顾过亲生儿子吧，他把对儿子的愧疚和遗憾，转变成了责任和爱，全都给了女儿。可这样一来，他和老婆就把女儿宠得太过，女儿刁蛮放纵，学习垫底，经常惹事，他经常被老师叫到学校去问话。自己对女儿也没办法，渐渐地他就认了命。

　　这一天他带女儿去参加辅导班，偶尔听其他家长闲聊，说刚才从辅导班走出去的那个孩子郑天泽，小小年纪，就参加了各种竞赛，得了很多区级、市级，甚至国家级的奖项，是个天才学霸。家长们以一种"别人家的孩子"口吻说着郑天泽的事。肖大明顺着家长们的手势望去，赫然看到那个孩子身边站着的竟然是前妻郑小凤。肖大明瞬间明白了，这个被人羡慕的孩子就是他的儿子肖天泽！他万万没想到，他放养多年的儿子竟然这么优秀！他心里五味杂陈。

　　肖大明回到家，心神不宁。一方面为儿子的成绩震惊，另一方面又有一种无法言说"那是我儿子"的难过。更让他心绪难平的是，儿子已经不再叫肖天泽，而是随了他母亲郑小凤的姓，叫郑天泽。看起来是真的跟他老肖没什么关系了。肖大明认为，前妻肯定对自己充满了怨怼，才让儿子跟他老肖家彻底脱离了关系。他辗转难眠，一方面后悔这些年对儿子不管不顾，另一方面又在见到儿子的那一刻，内心有种难以遏制的悸动，他第一次感觉到父子血脉的关联这么强烈。最后，他变得愤愤难平。这么好的儿子，怎么能跟自己断绝关系呢？他越想越过不去。

是，没错，他是和前妻离婚了，他是对不起儿子和他妈妈，可是，无论如何，儿子都是他的吧？血缘关系总改不了的。这些年他虽然没去探望过，但抚养费一分钱也没少过啊。他心里难以接受。

第二天一早，肖大明就去了派出所。他想去看看，派出所怎么会同意前妻给儿子改了姓氏的。这姓氏不经过我这当父亲的同意，还能随意改？既然能改过去，那也能给我改回来！

到了派出所一查，原来，离婚后不久，前妻郑小凤就独自一人，持着一份署名"郑小凤、肖大明"的申请书，以"离异"为由，向派出所递交了更改孩子姓氏的资料。可是，郑大明看下来，这套资料上他的名字显然不是自己签署的，而是前妻代签的。因此，肖大明当场就以不是本人签名为由，让派出所把孩子的姓改回"肖"。

他还跟派出所的人讲，不是他不通情达理，如果孩子将来成年了，自己要改，到时候就按照孩子自己的意愿来。现在孩子还未成年，作为父亲的他不同意。

可肖大明没想到，他这么一改，把前妻和儿子给惹恼了。前妻给他打了无数次电话，要求他改回去，他都不肯。这次，前妻竟然作为儿子的法定代理人跟儿子一起把他给告了，法院已经安排了诉前调解，收到诉调通知后，他马上来找律师代理应诉。

"律师，你一定要帮我打赢官司呀。要不，儿子就不是我的了！"肖大明说。

律师追问了几个问题：

"在这件事情的处理过程中，你跟儿子见过面吗？"

"没有。"

"那你问过儿子本人的想法吗？"

"也没有……但是，我儿子现在是未成年人，这事应该是我说了算！"

"那么，你跟你前妻当面沟通过这件事吗？"

"也没有，都是在电话里谈的。我给儿子改回名字后，她不能接受，每次打电话对我意见都很大。"

"她怎么说的？"

"说我这么多年对孩子不管不问，没有权利决定孩子姓郑还是姓肖。反正就是怒火万丈，根本就不可能沟通。"

"那么，你坚信，你这么做是对的吗？"

听到最后一个问题，肖大明显然犹豫了一下，但随后又坚定地给出了答案："当然是对的，我是他父亲。他改名字要经过我同意，他是我儿子。"

事情谈到这里，我给了他一个建议，由我们律师出面先跟他的前妻和儿子谈谈，听听他们真实的想法。毕竟这涉及孩子的权益，如能和平解决，何必闹上法庭。否则，对孩子，对监护人，都不是体面的事。肖大明同意了。

就这样，我们约了郑小凤和肖天泽见面。见面后，我有机会听他们讲了事情的另一面，也了解了这改名的来龙去脉。

原来，离婚后，郑小凤发现，她作为一个离异的母亲，一个人带着儿子办事有很多不方便。如果儿子名叫肖天泽，办事人员往往会要求她提供孩子父母双方都签名的资料。如果儿子随母姓，很多时候可以避免这个麻烦。所以，她就决心给孩子改名了。

在郑小凤看来，肖大明当时坚决离婚，算得上是抛妻弃子，做得非常决绝。她非常不愿意再跟肖大明有任何联系。她实在是不想再去找孩子父亲一起去派出所办理变更手续。所以，她就事先向派出所问好了资料要求，自己回家写好了两个人的签名，还制作了一份肖大明的授权材料，把申请资料交给了派出所。

孩子改名叫郑天泽后，不仅学籍上使用的是郑天泽的名字，孩子参加的各类赛事以及相关宣传片的拍摄，都使用的是郑天泽的名字。现在他爸爸变更了孩子的姓名，导致孩子参赛及宣传片拍摄受到了影响。

肖大明的行为，已经严重阻碍和影响了孩子的学业和生活。他们没办法才向法院提起了诉讼。

听完孩子母亲的讲述，我问了一下孩子本人："天泽，你自己是怎么看待这件事情的？虽然你还没有成年，但你13岁了，可以充分表达自己的意愿。"

天泽看了一下妈妈，回答说："我跟妈妈想的也是一样的，我已经叫了十年的郑天泽了，突然改名叫肖天泽的话，我自己也反应不过来这是在叫我。我也不想使用这个名字。"

"那么，你愿意给你父亲一个机会，当面把你的想法跟他做个沟通吗？"我问道，"虽然你们多年不见，但是我想如果你跟他当面提出来，直接沟通，可能更有利于这件事的解决。有时候，物理距离就是造成感情疏离的杀手，也是误会产生的源泉。你父亲这么多年没有探望你，那是他的错，但是，你愿意给你们父子一次当面沟通的机会吗？"

天泽点了点头。

就这样，我们约了次日双方一起到律所见面。

在双方见面之前，肖大明提前一个小时到了律所。我跟他解释了一下法律上关于姓名权的规定，还跟他讲述了类似判例的结果，让他有个客观了解。孩子虽未成年，但并非父母可以随心所欲地包办孩子的一切，跟孩子权益相关的事项，应以孩子自身利益最大化为原则，不是以父母意愿为原则。他听后点了点头。

时间到了，郑小凤和天泽来到了律所，这是在肖大明和郑小凤离婚之后，三个人第一次坐到一起。

肖大明和郑小凤迟迟没有讲话。孩子看看爸爸，看看妈妈，也没有说话。调解室里异常安静。

后来，还是肖大明先开口："小凤，我知道这些年，是我对不住你和儿子。算了，孩子的姓就随你，我们一会儿到派出所去，把名字改回去吧。"肖大明一边说，一边别过了头。

郑小凤瞬间泣不成声，肖大明也红了眼圈。

这时，天泽默默站起来，从书包里掏出一本本获奖证书，推到了爸爸眼前。那是他这些年取得的各种成绩，也是他呈现给爸爸的成果。肖大明翻看着证书，泪如雨下。

后来，我们建议，肖大明每周探望孩子一次，也要更多地参与到孩子的成长和生活中去，尽到做父亲的义务。肖大明和郑小凤都没有意见，孩子也同意了，事情就这么结束了。

后来再收到肖大明的消息已是半年之后了。半年里他大大改善了跟儿子的关系。他发了几张照片给我，那是他陪着儿子去参加比赛，儿子获奖的照片。照片上，他把儿子搂在怀里，儿子手捧奖杯，画面温馨。

后来，我也见过郑小凤。她也承认，自从肖大明常来探视儿子后，儿子的成长烦恼明显少了很多。过去沉默寡言、持重内敛的儿子，现在很洒脱、自信、乐观，再也不是那个佯装老成的少年了。她看着儿子真正有了少年人的模样，也轻松了很多。

看来，即使母亲再聪慧，教育得体，但在家庭教育中依旧无法代替父亲的作用。

观察与沉思

此案是在夫妻离婚后，一方几乎完全放弃了对孩子探望和教育义务的案例。

一个家庭的分裂，造成了父母对孩子教育的"精神割裂"和"行为分裂"。

在这个案例中，毫无疑问，母亲聪慧、善良且教育得法。在她的全力托举之下，孩子十分优秀。这个案例，让人们感觉到，仿佛家庭的解体、父母教育的分裂，并没有给孩子造成太大影响。只要母亲能力足够，孩子不会有什么不同。

可是，随着案情的发展，我们发现：当郑小凤和肖大明握手言和放下过往，当肖大明重归父亲角色之后，孩子的天性才真正得以舒展和释放。他从一个持重内敛、少年老成的小大人，逐渐变成了自信、乐观和阳光的孩子。我们能看出来，在没有父亲探望教育的那些年里，孩子内心经受了多少磨难！

父母离婚，对于孩子来说，是一件无可奈何的事情。无论他们愿意或不愿意，他们都无法阻碍父母离异的进程。因为，离婚，是父母的权利。况且，父母是成年人，他们有不听从孩子的意见就决定婚姻解体的权利。

可是，对于未成年人来说，很不公平的是，当他们服从了父母的决定，离婚后的父母，却未必肯把对孩子的教育、抚养、探望当成孩子应该享有的权利。很多父母会出于故意或非故意，无情地剥夺了孩子的权利。

如果我们说，离异是一个家庭的分裂，那么监护人必须注意，不能把家庭的分裂再作为对孩子教育、抚养和保护的分裂之源。家庭可以分裂，但父母对孩子的教育、抚养和保护，绝不能分裂。

《中华人民共和国家庭教育促进法》要求，未成年人的父母分居或者离异的，应当相互配合履行家庭教育责任，任何一方不得拒绝或者怠于履行。类似的规定很多，其实都内含了一种理念：即使父母离婚了，原有的家庭不复存在，但父母仍有义务共同为孩子营造一个双亲并存、共同爱护孩子的家。家庭的物质屋檐可以不再，但家庭的心理屋檐还要存在。

家庭教育是根植在"家"之上的，如果父母离异后，合作育儿也不存在，那孩子心理上的屋檐也就彻底坍塌了。更何况，从孩子的成长来说，只有沐浴在父亲和母亲两性融合的教育视角里，孩子居住的"房屋"才不至于只有柱子没有梁。家长有义务为未成年的孩子提供一个安全的、牢固的、能够遮风挡雨的完整教育平台。

最后，我们要说，对于有子女家庭的离婚事项，法律之所以设定一种抚养权和探望权并存的结构，就是在以这种双权并存、义务共担的方式，要求父母共同为未成年的孩子延续遮风挡雨的"屋檐"。

10

抑郁症：
家是港湾，爱是退路

楔子

孩子抑郁了，爸妈怎么办？

孩子的学业，不只是孩子的焦虑，更是父母的焦虑。

身为父母或其他监护人，在社会重压之下，如何扛住压力？如何防止自身情绪崩溃？如何防止对家庭教育的认识不自洽，从而产生分裂？如何把自己对孩子的包容和厚爱与社会压力的应对机制有机地融合起来？

我跟雷雷（化名）爸爸初次见面是在学校的家长接待室。他在儿子被确诊为抑郁症后，第一时间向学校求助。我作为学校家校共育小组的成员，和校长、班主任、心理老师、政教主任等一起接待了雷雷的爸爸。

雷雷爸爸坐下后，首先回述了前两晚的经历，那是他第一次认识到孩子可能长期存在心理问题，他很懊悔之前没有重视学校老师给出的多次提醒和建议。

那晚，已经是凌晨三点了，邻居已沉睡在梦乡，雷雷家却还是灯火通明。雷雷背着一个棒球棍，在客厅里走来走去。爸爸妈妈坐在沙发上，默不作声。他们目不转睛地盯着走来走去的儿子，担心他有伤害自己的行为。

雷雷最近生物钟紊乱，夜晚难以入睡，白天睡不醒。前天晚上他把自己关进厕所，任谁敲门也不开，直到凌晨四点，才去睡觉，昨天就没有去学校。今天都到凌晨三点了，他还背着棒球棍，在客厅里来回踱步。爸妈忧虑不已。

之前，学校心理老师曾跟雷雷爸爸反馈过两次，说发现孩子心理负担过重，建议家长给予关注，要注意缓解孩子的心理压力，最好带孩子去医院看看医生。为此，他观察过孩子，可孩子在他看来没什么异常，他觉得老师小题大做，就没听从老师的就医建议。

这次，孩子的情况突然发生明显变化，雷雷的爸妈猝不及防，马上带雷雷去了医院。可令雷雷爸妈不敢相信的是，专家诊断雷雷竟得了重度抑郁。

"抑郁症"，这三个字一下子击垮了雷雷爸妈的神经，两人久久缓不过神来。雷雷妈妈从震惊中醒来，第一句话就是冲自己丈夫怒吼："都怨你，要不是你对儿子要求那么高，他怎么可能压力大？怎么会抑郁？都怨你！"妈妈一边哭，一边喊，对雷雷爸爸不断指责。

雷雷爸爸也惊呆了，他难以相信这个结论。儿子怎么可能抑郁呢？他没有对儿子提过过分的要求啊。儿子读初二了，正是青春年少意气风发的时候，怎么会抑郁呢？雷雷爸爸觉得胸口像是压了座大山，堵得难受。

夫妻俩取好药后，带着孩子回了家。妈妈留在家里照顾孩子，爸爸则到学校寻求帮助。

对于抑郁的孩子，学校有义务在各方面给予关怀，并给予家长各种力量支持和资源帮助，家校携手，尽快帮孩子走出困境。因此，学校设有家校共育支援小组，其核心职能之一就是应对心理事件的处置。小组通常由校长担任组长，主管副校长担任副组长，班主任和心理老师也是小组成员，此外还有教育专业律师参与，必要时也会引入其他专家支持。

雷雷爸爸跟学校联系之后，学校家校共育小组立即启动，并在家长接待室接待了雷雷的爸爸，听他讲述这几天的情况和医生的诊断，心理老师和班主任就雷雷在校的详细情况跟雷雷的爸爸做了说明，并将手边几份跟孩子的谈话记录递给了雷雷爸爸。

原来，学校第一次发现孩子情况异常是在两个月前。当时，班级正在上数学课，雷雷突然对老师说胸口疼，老师就让几位同学陪他去了医务室。但校医仔细检查后，发现孩子并没有什么生理状况，出于职业的敏感，校医就让其他同学回教室上课，自己带着雷雷来到了心理老师的咨询室。

在咨询室，雷雷哭了。他向心理老师哭诉，他感觉胸口疼，是因为昨晚在家哭了一夜，今天来上课的时候，还是忍不住总想哭。心理老师问他哭泣的缘由，雷雷说是因为昨天学校组织了期末考试，他的数学和英语没考好，他感觉非常痛苦。同学们学习都很好，特别是数学和英语，同学们学得太快，自己跟不上他们的进度，压力巨大。

为了提高成绩，雷雷的爸爸之前就为他请了金牌家教，一对一进行辅导。这样辅导下来有一个学期了，可雷雷一边听辅导老师讲课，一边担心学校作业做不完，辅导效果很差。期末考试，雷雷感觉数学和英语还是没考好，成绩应该还是垫底的。第二天考试成绩就要出来了，估计爸爸又要大发雷霆。

心理老师问孩子，除了数学和英语学习压力大，还有别的问题吗？孩子说自己根本就不想上学。每天上学时，心里就会有两个声音：一个说不要去了，一个说必须去，反复折腾。最后那个乖乖听话的占了上风，就来学校了。

老师再问孩子有没有跟家长说起过这种情况，孩子说没有。在孩子心里，爸爸特别优秀，他怕爸爸失望，妈妈是全职妈妈，他觉得对不住妈妈。爸爸妈妈都这么优秀，自己怎么能是差生？他也想提高成绩，但内心总有个声音在喊不想上学，他很难提起精神。

第一次谈完话后，学校曾联系雷雷爸爸，希望跟家长当面谈谈孩子的情况，但雷雷爸爸当天正在出差，就让雷雷妈妈去。雷雷妈妈觉得孩子就是考试压力大，因为当时就要放寒假了，所以，她承诺寒假给孩子好好放松一下，就把孩子带回家了。

后来，新学期开学后，雷雷还是有过两次说胸口疼，晚上入睡困难，白天没精神，但孩子不肯跟爸爸妈妈讲。因为爸爸对他期望高，妈妈的全部精力都围着自己转，自己没理由学习不好。所以，他始终回避跟父母交流内心情况。

心理老师一方面对孩子加强了关注，经常跟孩子聊天疏导，同时建议班主任和任课老师也多留心孩子，特别是数学老师和英语老师，他们在课上对孩子多了一份关心；另一方面心理老师又再次建议父母要重视起来，带孩子去做一下诊疗，但雷雷的父母并没有在意。

听完老师介绍的情况，雷雷爸爸很久没有说话。他为自己的疏忽内疚，同时也真诚地向学校求助，坦诚地向学校详述了孩子的成长历程。

据雷雷爸爸讲，在小学阶段，雷雷学习还是不错的。可是，到了五年级后，学习变得有些吃力。为了让孩子考上好初中，他为孩子请了金牌家教，一对一地给孩子"开小灶"。这样，几门主科成绩都有提升，孩子就考进了这所学校。

学校好，不仅是环境好，设施好，老师也好，同学也好，学习氛围也好，爸爸觉得这就是给孩子读书的最优配置。在爸爸看来，虽然雷雷学习并不是得心应手，但是校内不足家里补。校内有最优秀的教师，家里有金牌家教，孩子肯定不会输给其他同学。可他没想到，孩子升入中学后，第一个学期就受到了打击，他的数学和英语尤其糟糕。所以，爸爸就为孩子升级了家庭辅导配置，对家教老师优中选优，加大了补课投入。

雷雷爸爸说他之所以这么做，是因为初中是学生时期的关键阶段，这个阶段闯过去了，高中就会顺利很多。他怕儿子在初中阶段落后，所以就想用外力助推。让孩子为后边的学业打好基础，长远来说有利于他的发展。这是雷雷爸爸一贯的想法。

家校充分沟通后，雷雷爸爸意识到自己的想法过于简单了。

小学和初中之间是有很大跨度的，初中的学业难度和压力远超小学，很多在小学优秀的学生会在初中遭遇滑铁卢。爸爸低估了初中课业的难度，又高估了孩子的身心承受能力，忽视了初中同学之间激烈的竞争氛围，夸大了课外辅导的作用。而且，爸爸没能注意到的是，一切助推孩子学习的外在措施，其实都是在向孩子的身心发展要时间。

爸爸的高额投资，妈妈的全职助攻，在孩子看来，是堵死了他的学业退路。孩子在这种慌乱不安中反复挣扎，在上压下挤之下，被压垮了。

家校互通信息后，心理老师和班主任又特意叮嘱雷雷爸爸务必遵循医嘱，给孩子按时按量服药，及时做好复诊。我作为教育行业律师，为雷雷爸爸介绍了一些类似案例，希望引起他足够重视，校长做了家庭教育的指导，如家长有需要，随时联系学校，学校会给予全方位支持。

一转眼，两周过去了。学校又接到了雷雷爸妈的电话，说孩子已经康复了，希望销假回校上课。为做好家校衔接准备，周末雷雷的爸妈和孩子一起来到了学校，跟老师做进一步沟通交谈。

令人意外的是，学校发现了家长和孩子的意愿分歧。父母坚定地说孩子已经康复，一心要回学校上课。但是，雷雷明确表示，还想在家多休息几天，不想马上回学校。雷雷还说，是爸爸妈妈觉得自己已经康复了，就给他停了药，可是雷雷自身感觉状态还不够好。孩子说这些药物只是虚假地吊起了他的情绪，让他不能再悲伤，但吊起来的情绪仿佛不是他真实的情绪。所以，他还是觉得有心无力，希望再休息一段时间。学校跟家长和孩子的谈话，得出了完全不同的结论。

发现这个分歧后，家校共育小组又跟雷雷爸妈展开了一次深度交流。

"雷雷的爸爸妈妈，你们是不是有所顾虑？是担心孩子在家休息太久，跟不上学校的进度，耽误了学业，对吗？"

"是的。"雷雷爸爸道出了心声，"我们真是特别忧虑，如果雷雷再这么请假下去，课会落下很多。这样下去，恐怕永远跟不上同学，只能留级了。"

"学校不是提供了'空中课堂',让孩子在家也能学习吗?学校线下进度和'空中课堂'线上进度是一样的,不会落下课程的。"

"可是,网课效果怎么能和线下课堂效果相比呢?他本来学习就差,这么下去,不是会变得更差吗?"一直未开口的雷雷妈妈说出了自己的担心。

看来,孩子的学业,不只是孩子的焦虑,更是父母的焦虑。

"那么,您觉得以孩子的恢复状况可以安全地复课了吗?如果太着急复课可能会适得其反,这关系到孩子的心理健康和人身安全,首先要以孩子的平安为重。"身为律师,我做了一点提醒。

"我们觉得没有问题了。用药后,他的状态明显好转。第二周,我就已经给他逐渐减量了,现在已经停药了。我们观察下来,他的情况还好。所以,我们想他应该能复课了。"雷雷的爸爸解释道。

"可是,雷雷爸爸,抑郁的药物,减药和停药是要听医嘱的,不要自己随意减停,以免有反复。"心理老师最担心这个,上次跟他交谈时特意叮嘱过,看来家长并没有重视。

可是雷雷爸妈坚持认为,治病服药因人而异,自己家庭没有抑郁史,孩子也是第一次得病,应该没有什么风险。

最后,班主任问了一句:"雷雷爸妈,你们希望孩子马上回校上课,除了学习外,还有其他担心,对吗?"

这次是雷雷妈妈正面回答:"是的。我们最担心的是,如果孩子休息太久,同学们会猜测雷雷到底得了什么病。如果'抑郁症'这个诊断被同学们知道,雷雷就会被同学们打上'抑郁症'的标签。这个标签对孩子以后的读书、工作，甚至结婚、生活都会产生影响。他可能会受到差别对待。这是我们特别担心的。"雷雷妈妈说出了几乎所有抑郁症孩子的父母最在意的问题。

考虑到雷雷本人的意愿和父母的意愿存在分歧，学校谨慎地跟父母再提了一次建议，建议父母带孩子再复诊一次，听取医生的专业分析后再做决定。三天后，雷雷的父母反馈，医生不反对孩子复课，但要求坚持服药。就这样，雷雷销假回到了班级，恢复了日常的上学节奏，学校也加强了对雷雷的关爱。

一切仿佛都回到了正轨。雷雷每天上学、放学，数学老师和英语老师也给予了关怀和帮助，但雷雷的成绩还是没能提高。雷雷偶尔会跟心理老师说，爸爸又给他换家教了，这次换了博士，教辅层次又升级了。

就这样，转眼到了初三，马上要一模考试了。作为中考前的重要大考，家长和老师都很重视，同学们也都在积极备考。可是，考试开考了，雷雷却迟迟没进校园。班主任以为他生病了，就拨通了雷雷爸爸的电话，而雷雷的爸爸却说他一早就开车把孩子送到学校了。老师和家长都慌了，马上开始寻找。

学校查看了校门口的监控，发现早上雷雷爸爸的确开车把雷雷送过来了，不过雷雷下车后没有进入校园，而是拐弯往回走了。

大家四处寻找，终于在一处废弃的建筑工地，找到了埋首坐在砖头瓦砾上的孩子。雷雷排斥父母走近，最后还是班主任走上前把孩子揽进怀里，孩子不断抽泣。

经过此事，雷雷爸妈停掉了孩子全部的课外辅导，学校也邀请了心理专家进行干预和疏导。这段时间，雷雷爸妈一边带孩子就医，一边开始调整期待，他们这一次直面残酷的现实，不再回避孩子的学业与身心健康的冲突问题。

"雷雷爸爸妈妈，你们爱孩子吗？"

"当然。"

"你们想过，如果孩子学业真的不成，他有什么出路吗？"

"之前没有，只想让他考个好大学。现在社会竞争这么激烈，他只有上个好大学，才有个好出路。"

"那么现在呢？"

"现在觉得孩子的生命和健康是第一位的。"

"你们知道，孩子很爱你们吗？"

"知道，我们也很爱他。"

"可是，你们知道，过度的爱有时也会伤人吗？抑郁，并不是一朝一夕得的病，也不是一朝一夕就能治好的。孩子很爱父母，他很想满足父母对他的所有期待。可是如果孩子已经踮起脚还是够不到父母的目标，他内心就会积攒很多挫败。久而久之，难以消解，孩子就会认定自己无能。而这种自我否定反过来会再次消解孩子的努力效果，这就陷入一个越努力越无能的恶性循环。可是，父母是最爱孩子的人啊，咱们不应该是这个恶性循环的起点，而应该拿出勇气，按下这个循环的终止键，孩子才能停下来，得以喘息。"

后来，雷雷在医院的治疗好转后，他的爸妈放弃了一定要让他进重点高中的目标，雷雷进了一所职业学校，学了一个自己喜欢的专业，后来也升入对口的大学。在这个过程中，雷雷渐渐摆脱了抑郁，找回了自信，迎来了舒心的校园生活。

观察与沉思

这是一个涉及学生抑郁症的案件，在我们处理的大部分涉心理问题的校园事件中，这个案例具有相当的代表性。

面对当前高速发展的社会环境，中学生得抑郁症的比例越来越高。孩子们在高速旋转的学业齿轮中被裹挟，在高压学习中找不到自我、归属、成就和价值，每日像个陀螺一样不能停歇。在压力、迷茫、无力等情绪重袭之下，初中时期成了抑郁症的高发阶段。

父母需要正视孩子面临抑郁的高危易发环境，并了解自己是否也会成为逼迫孩子走向抑郁的重要一环。

家庭，原本应该是未成年人成长的保护器，身为父母，我们需要给孩子"包容"与"爱"，让孩子在温暖的精神养护中成长。但是，我们家长自身也都是扛着社会重压的，也都是在各种社会压力的挤压之下努力打拼，拼命驾驶着家庭这艘小舟前行的。在社会重压之下，父母的认知和思想也在不断被外界压力所影响和改造，其中，包括对孩子的教育认知和思想也在不断发生着冲突和裂变。

在社会重压之下，如果父母自身没有稳定的精神内核，父母对家庭教育的认识和行为就会发生扭曲和变形，父母开始放弃给予孩子"包容"与"爱"的自由、宽松、平等的教育时空，而是选择在社会压力面前"俯首称臣"，回过头来就"刀尖向内"，开始要求孩子"极限奔跑"。

这样一来，家庭原本应该具有的对未成年人的保护作用消失，父母不再是孩子的保护者，而是变成了社会压力的直接传导器。外界是什么样子，父母就用什么样的"模具"来鞭策孩子，让孩子像陀螺一样不断被旋转。

雷雷的父母显然就是这样。他们爱儿子，但更希望儿子将来能够有所成就。为此，他们为儿子在学校之外，匹配了超精品的教育兵团，给孩子助力，也向孩子的身心索要更多的奋斗时间。以时间换成绩，以成绩换未来。

可以说，如果父母对社会压力没有足够的承载能力，不能消解压力，只会转嫁压力，父母就不再是孩子的保护者，而会变成外界压力的"传导杀手"。

另外，本案值得一提的是，雷雷爸妈的反应，其实也是抑郁事件当中，家长们的一种典型反应。

在这类案例中，家长们的状态往往会经历以下几个阶段。

在事发之前，他们并不了解初中阶段的学业特点，认为只要孩子极限努力，就能出人头地。

孩子的身心出现一些情况之后，学校大都会跟家长谈话，但很多家长会否认自己的孩子可能存在焦虑或抑郁。这两个词，仿佛是洪水猛兽，宁肯信其无，绝不可信其有。

孩子确诊抑郁症后，家长会变得既内疚又焦虑，十分自责。但随着孩子服药后精神状态好转，很多家长又开始变得没有耐心，变得患得患失。他们既担心治疗太久，耽误学业，又担心孩子会被人贴上抑郁症的标签，影响一生。权衡之下，孩子但凡症状有些减轻，他们就会立即要求复课，不肯给孩子更多的喘息时间。此时此刻，家长还在有意识地回避可能已经摆在眼前的孩子身心健康和学业冲突的问题，不肯退步，不肯面对现实。

等到孩子病情再次反复，家长再度遭受危机的重创，此时才不得不接受现实，才肯为孩子做其他安排。

只是，在这个过程中，有的家长醒悟较早，也比较幸运，孩子经过"修复"还是会回到健康发展的轨道，但有的家长，醒悟较迟，孩子后来辍学、失学的也有很多。

雷雷这样的故事，最近这些年越来越频繁地上演，这也让我们慨叹家庭教育的艰难：对于家长而言，他们想方设法想推动孩子进一步，很难；但问题发生后，让家长说服自己让孩子退一步，更难。因进步难，所以退步也难。

那么，解决问题的诀窍在哪里？我想可能在于我们要重视和再思"家"这个概念。

"家"到底是什么呢？我们家长不妨时常有个反思。

对孩子来说，"家"是什么呢？它是和"学校"一样，只是一个教育机构呢，还是要比"学校"具有更多的含义？

答案，当然是后者。

老师可以在学校里只谈教育，但家长却不能在家里只当一个督学者。

于孩子而言，"家"的本义是父母建造的一个温暖的港湾，是父母给的一个心灵的休憩所。因有爱，才有家，才有子女。在这个家里，父母共同完成家庭的物质生产和消费，子女的生育、抚养和教育，家庭的感情沟通和交融，娱乐、信仰、社交等各种社会功能都在其中。从对孩子的养育支持来说，监护人既要擅长把"家"打造成一个能量蓄水池，让它为孩子蓄积能量，成为孩子的充电桩，同时，又要把"家"打造成一个庇护港，随时接纳遭受挫折、战败归来的孩子，让孩子的心灵得到安稳的庇护和疗愈。

毕竟，家是港湾，爱是退路，父母是孩子此生无忧无虑的归处。

11

夫妻和孩子，
谁才是家的核心

楔子

到底何为"家"？

因为假离婚，她被丈夫设计掉进财产协议圈套，女儿不满，偷录父亲出轨视频。

夫妻的情感、价值观撕裂，在孩子身上会得到撕裂的"传承"。

在本案中，我先是孩子母亲的离婚诉讼代理人，后又应孩子母亲的要求为她的女儿提供法律帮助。

两件大事，先后发生，特别是女儿的行为，已经滑到了犯罪的边缘。后果之严重，让我们不得不重新思考"家"这个概念。到底何为"家"？

最早接触到这位母亲，是因为她听了我一场线上法治讲座。那场讲座结束后，她留了我的联系方式。一年之后，突然有一天，她拨通了我的电话，要求见面聊聊。那是一个阳春三月的午后，我们约在一个茶馆见面。她一出现，就给我特别深刻的印象。那天她穿了一件粉色的西装裙，脸上略施粉黛，容貌清丽，看得出来她十分擅长着装，如果不是眉眼间隐约透露出的几丝愁苦，几乎很难让人觉察她已经是四十几岁的女人。

坐定闲聊几句后，她从包里拿出了一份协议书："李律师，你帮我看看，如果我打离婚官司的话，我是不是根本打不赢？"她忐忑地看着我。

我接过来一看，是一份她和她先生之间的财产协议。协议内容是关于他们当前居住的一套房产。这套房子登记在女人名下，但协议写得很清楚，这套房子是她先生婚前购买的，而且购房款都是她先生出的，人家只是借她的名字买房。所以，她只是名义上的所有人，实际所有人是她先生。协议下方签署着她和她先生的名字。

"你和先生之间确实是借名买房吗？"看完协议，我问了一句。

"不是的，"她着急地回答，"这套房子实际是我们夫妻共同财产，不是借名买房。"

我示意她继续讲下去。

"当初买这套房子的时候，我们实际上已经结婚二十多年了。当时我们名下住房已经限购了。为了能取得购房资格，我们在中介的建议之下办了假离婚。假离婚时约定我净身出户，把我们所有的婚内财产都留给他。假离婚后，我名下无房，我就具有了购房资格，就由我跟开发商签订了这套房子的购房合同。购房款是他转给我，我再付给开发商的。

但实际上这些购房款，本身就是我们婚内的共同财产。所以，这套房子虽是在我们假离婚后，用我个人名义买的，写了我一个人的名字，但实际上是我们夫妻的共同财产。我们离婚是假的，我们真实的想法根本就不是借名买房。"

原来，她和先生是大学同学，毕业后两人情投意合就结了婚，婚后几年有了女儿。这些年两人收入不错，她又擅长持家，在房产迅速增值的那些年，她凭借对房产投资的敏感，以小房搏大房，以租养贷，买了几套住房，攒下了一份家业。

最后看好的这套房子地处黄金地段，她想着女儿目前读初中了，再过几年就成年了，便想把这套房子买下来，将来留给女儿做婚房。所以，她就听取了中介的建议，通过假离婚方式实现了购房目的。

"为什么你会和先生签署这样一份协议呢？如果房子是你们夫妻共同财产，你怎么会甘愿签署一份完全违背事实又对你不利的协议呢？"我问出了内心疑问。因为依据这份协议，这套房子可跟她没有任何关系。

听我这样问，她黯然神伤。"李律师，我不瞒你说，其实我跟先生貌合神离很多年了。二十多年来，他不断出轨。为了女儿，我没离婚。他出轨次数太多了，我从一开始的大哭大闹，到后来渐渐接受了现实。近些年，我对他的私生活也不关心了，我想他总不会为了别人抛妻弃女，毕竟这份家业攒下来不容易。这几年，我患上了严重的抑郁症，日常靠药物控制。当抑郁发作的时候，任何情绪上的风吹草动我都会承受不了。"

"那你的意思是，这份协议书不是你自愿签署的，是吗？"

"是的，我不想签的。我根本就不想离婚，也不想分财产，怎么会愿意签署这样一份东西？那段时间，我的抑郁症发作，情绪崩溃，天天以泪洗面，也出不了门。他可能是对现在这场婚外情认真了，天天逼我离婚。我的抑郁症本来就严重，在他的逼迫下精神不断崩溃，后来连卧室都走不出去了。

"那天晚上，他又出去鬼混了，我自己在家喝闷酒。因为连续几日睡不着，我想让自己喝得醉一点好入睡。这时，他酒气冲冲地回来了，手里拿着打印好的协议，冲进我的房间。他诬陷我，说我肯定别有用心。他说他咨询过律师了，这套房子是在我们离婚后买的，又写在我个人名下，房子会变成我个人的财产。他还对我进行各种人身攻击，说我就是想独霸房产。我拼命解释都没有用，他就是不断污蔑我，甚至认定我也有出轨行为，是与婚外情夫同谋，要霸占这套房产。

"后来，他说，如果我当真没有出轨，就要向他自证清白，在他这份协议上签字。只要我签了字，他就肯信我。我那时候精神已经崩溃得不行了，无力争辩，我连上边写了什么都没看清楚，就签了字。所以，就有了这份协议书。"

"那么，这份协议书的内容，你是什么时候看清楚的呢？"

"就是这两天，他起诉离婚了，要让我净身出户。我拿到法院寄过来的诉讼材料，才看到这份协议书的内容。"

"那么，你同意离婚吗？"

"不同意。"

"为什么呢？按你所说，你们二十多年来始终婚内分居，没有夫妻之实，守着这样名存实亡的婚姻，对你有什么意义呢？"

"我不同意离婚是我不想让我女儿没有一个完整的家。因为工作关系，我这些年见识过很多单亲家庭的孩子出了问题，我不想我的孩子也这样。我想，只要我不离婚，我的孩子就还有个完整的家。

"更何况，这些年，我为这个家呕心沥血，用心经营。我们白手起家，这个家从一无所有到现在有了家业，我为什么要离婚呢？如果我离婚了，不就便宜别人了吗？那我这二十多年的经营，不就是一场空了吗？我肯定不会离婚的。"

"那你就固守着婚姻的躯壳，一直这么过下去，甘心吗？"我又追问了一句。

"也不算不甘心。我对于家庭生活本来也没有什么要求。祖祖辈辈不都是这样过的吗？夫妻结个婚，生儿育女，一起把孩子养大，把财产传承给孩子。

"再说，当初买这套房子，本就是给女儿将来结婚用的。我们夫妻的财产，我都打算留给女儿。我不会跟他离婚的。离婚了，把财产分得七零八落，我女儿的财产就大幅缩水了，我凭什么离婚？"

听她说完这番话，我才明白，原来她对"家"的理解有些不一样。

一般人都会认为"家"首先是夫妻之家，男女身心高度契合才能成家，因此，"家"首先代表着夫妻情谊，其后才是父女、母女情谊。因为家庭财产是夫妻创造的，所以，首先应该是夫妻，其次才会根据夫妻的意愿，以某种方式转换成孩子的财产。

但她认为，在一个"家"中，孩子是最重要的。家的一切情感都是以孩子为中心，家的一切财富也都是要留给孩子的。所以，她对自己和先生的情感及利益，在这个家的结构中，她并不看重。

"你难道不觉得，你这么想，会牺牲太多的自我吗？而且，如果你先生并不愿意这么做，你也是在迫使你先生去为女儿做牺牲。这对他公平吗？"

我很想问一下她这么看待"家"的原因。

"我知道对他也许是不公平的，但我改变不了我的想法。小时候，我父母就是这么教我的。他们没啥感情，生活也不和睦，但他们还是把自己的全部财产都给了我。我们就是变卖我父母留给我的财产才有了起步的资本。世界本来就是这样子的，父母就是要为孩子做出牺牲的，这是传承。凭什么他就可以不这样做呢？那我女儿该怎么办？"

听完，我不禁有些无奈。虽然时代的车轮在滚滚向前，但她的家庭观念似乎还停留在旧时代的宅门里，与当今的时代格格不入。从其中，我也窥到了一些夫妻离心的缘由。

但不管怎样，因她坚决不同意离婚，我们在代理她第一次被诉离婚案件时，就为她做了不同意离婚的答辩。因为男方缺乏首次诉讼必须判离的法定事由，最后法院做出了不准离婚的判决。

因为法院没有判决离婚，她所签署的那份财产协议书，也就尚未实际对离婚财产的分割发挥作用。可是，婚姻家事案件是复杂的，这次法院不判离，不代表以后诉讼还不判离。本次判决生效的六个月之后，她还可能面临丈夫的第二次起诉，到时候法院判决准予离婚的可能性非常之大。

我建议她，如果决定坚守这段婚姻，那就要在后续六个月内为改善夫妻感情做出一些实质性的尝试和努力，要让夫妻关系中确有夫妻之情，这样婚姻才有可能得到维系。如果丈夫同意不再离婚了，那份协议书后续还可以合适的方式进行处理。

她也接受了我的建议，打算尝试。

只是没想到，还未等到六个月期满，我就收到了她惊魂未定的电话。电话那头，她的慌乱情绪，远比首次离婚时要激烈得多。

"李律师，我女儿遇到事情了，你帮帮我女儿。"

原来，女儿这些年将父母的关系看在眼里，记在心上。在女儿眼中，父亲冷漠又嚣张。他为了外人，不管她们母女。现在竟又逼迫母亲签下了协议书，让母亲净身出户。这套房子本来就是母亲买给自己的，现在父亲这么做等于也让自己净身出户。

之前，女儿曾偶然见过一次父亲将出轨对象带回家。她要给他们一个教训。

女儿在网上买了微型监控设备，趁父亲出差时，偷偷装在了父亲的卧室。果不其然，她真就抓到了父亲出轨的证据。

拿到监控视频之后，她去威胁对方离开她的父亲，但对方置之不理。她又威胁对方拿钱出来，破财免灾，否则就把视频传到网上去，让她身败名裂。女人有些害怕，就给她转了两万元。只是对方付款后，觉得不安，就报了警。警方将女儿和那个女人一起带回派出所，调查了解情况。接到警方通知，妈妈一边往派出所赶，一边给我打电话。后来，赶到派出所的，还有她爸爸。

一家三口和父亲的出轨对象就这么在派出所里相遇了，大概他们谁也没想到会发生这样的结果。

这个案件因女儿未满十四周岁，未构成刑事犯罪，也未进行治安处罚。但是，女儿偷装监控，私录视频，严重侵犯了父亲与第三者的隐私，更令人担忧的是，女儿以此为要挟，要求他人支付钱款，已经到了违法犯罪的边缘。这样的动机和行为，如果延续到成年后，她的人生十分堪忧。

因双方关系特殊，父亲和婚外女性也有过错，在派出所里各方立场都很尴尬。警方对女儿进行了严肃的批评教育、训诫，并责令父母作为监护人严加管教。母亲为女儿退回了两万元，一家人离开了派出所。

女儿身上发生的这件事，对当事父母来说无疑是当头棒喝。

经过此事，母亲的态度有了变化。她主动找到我，表示愿意离婚，并希望我代表她跟先生谈判，协议离婚。在协商过程中，她的丈夫终于放弃通过"借名买房"让女人净身出户的想法，全部财产依法做了分割，女儿交由女方抚养，双方办理了离婚登记手续。

离婚一年后，这位母亲再次跟我聊起那段二十多年名存实亡的婚姻。她感叹自己当初真是想错了，以为只要不离婚，父母都在，就是对女儿好。她没看到，其实在这种没有夫妻感情、徒有虚名的婚姻里，女儿能够感受到的父爱也非常少，家庭温情的缺乏，让敏感的女儿自小就受到了伤害。她关于婚姻和家庭的偏执理解，多少也传导给了孩子，导致孩子对家庭和财产的认知也有些偏颇，以为父母的就应该都是她的，为此憎恨父亲想夺取母亲和"她的"房产的行为，差点儿让孩子行差踏错。这位母亲有些后怕。幸亏案发时，女儿尚小。离婚后的日子，她和女儿生活得平静和谐，她的抑郁症也好了很多，女儿的学习和生活状态也让她放松很多。

观察与沉思

一个家庭，两起案件，根源在于父母之间分裂的婚姻关系。

在这位母亲看来，"家"就是一个父、母、子三角齐全的物理外壳，"家"的核心不是夫妻关系，而是以子女为中心的圆。

在这个男人看来，"家"首先是自我的释放、自我的关怀、自我的需要。自我情感得以满足，才是亲情，才是父与女的关系。没有爱的家庭外壳，不足以作为他创造的物质财富的承载。

夫妻之间关于"家"的认识是撕裂的，关于"家"的谋划也是撕裂的。

透过这个案例，我们发现，如果夫妻情谊不在，即使父母没有离婚，孩子仅有一个外形完整的家，对孩子来说也是一个残缺的世界，孩子也很难在其中获得协调、和睦、统一的良好教育滋养。

"家"，不只具有物质属性，更具有精神属性。

"家"，不只是物质财富的传承，更是精神滋养的归所。

在这个婚姻中，夫妻关于婚姻和家庭的认识是分裂的，多年婚姻中，他们从未认真尝试过消弭冲突，谋求对婚姻认识的融合。即使女儿的出生和养育，也没有让他们对精神交融做出过思索。

案例中的女儿，几乎铸成大错，但她也是这个家庭环境、家庭教育的牺牲者。她用错的方式去帮扶弱者母亲去对抗强者父亲，但这会带来更糟糕的结果。与其说这是孩子犯下的错误，不如说这是孩子在这样的家庭里被长期熏染、长期撕裂的结果。

是分裂，还是融合？这是一个家庭的重要话题。

家庭怎么经营，孩子怎么养育，不妨从"家"是什么，开始思索。

12

家暴之下，
父、母、子的成长之路

楔子

"妈妈，我最遗憾的事，就是不能保护你，我可怜的妈妈。"

"妈妈，你放心，等我长大，我会用我的一生来保护你。"

家暴就像一个怪圈，小时候遭受过家暴的，长大了可能依然遭受家暴，也可能摇身一变成为施暴者。

新的一轮暴力循环中，又有新的孩子，被迫目睹家暴、习得家暴或也被实施家暴……

家暴，到底何时才是终点？

这是我特别不想触碰的一个话题，因为太过沉重。家暴，无论是对女性（有时也对男性），还是对孩子，造成的伤害都是终身的。那种伤痕，会像刀凿斧刻一样，深深地留在受害人的肌体上，烙在他们的心灵上，难以自愈，难以摆脱。最令人难过的是，小孩子还可能会从家人身上习得施暴或受暴的习惯，从而使得家暴像病毒一样，逐渐扩散。

这个案例，涉及家庭中父亲、母亲和孩子各自的成长经历。孩子小时候目睹或经受家暴，会长远地影响他们的成长和人生。

故事的主角是我的少年老友。大学时，她学医，我学法。毕业后，她回了故乡城市，成了一名三甲医院的医生，而我，成了一名律师。我们在不同的战线相互鼓励又各自努力。多年后，她邀请我去给医疗系统做过一次以案说医的法治讲座，那时她已经是颇有名气的专家。我们在讲座上互相呼应，思维彼此激荡，话题聊得深入而热烈。可以说，不仅在少年，就是在今天，我们彼此都是在事业和生活上的密友。可即使这样，她也从未对我说起过，她一直遭受家暴，她也从未向我求助过。

这一天，她突然深夜来电告诉我："我离婚了。"然后，她向我解释，她遭受家暴很多年了。我很震惊。她是那么优秀的女性，怎么会遭受这样的屈辱和伤害。那一刻，于我而言，内心五味杂陈，我虽是一名律师，却似乎对她的遭遇无能为力，唯有听她以平淡的口吻细细讲述她的家暴史，才是我这个律师密友唯一能做的事。

在她的讲述中，我理解了她大学毕业后对婚姻所做的那场意外抉择，也关注到了她故事中那个尚未成年的初中生女儿。

她说："我这场婚姻给我的教训之一，就是不要嫁给你心中不确定可否共度一生的人。"我被她说得一头雾水。

原来，当年她大学毕业，回到故乡城市工作后，经人介绍认识了前夫。前夫学历不高，工作一般，条件并不出色。她原本可以精挑细选，可偏偏她被男方的父母给迷住了。我越听越糊涂，这选丈夫，怎么还会被对方父母给迷住了？

原来，她小时候父母关系不和谐，父亲常年在外地工作，母亲在家务农。父亲偶然回家来，一言不合就对母亲大打出手。就这样母亲和父亲过了坎坷的一辈子。她说自己小时候觉得"家"就是一个不得不回的地方，一点儿也不温暖，她感觉很孤单无援。受这种心理的影响，遇到前夫的父母，她很快就产生了亲近感。

其实，前夫与她之间并没有太多共同语言。可是，"谈恋爱时，他带我第一次回他家，我就知道，我大概不会拒绝了。我太喜欢他们那个家温馨和睦的感觉了。对眼前这个平淡无奇的男人来说，他的父母真是巨大的加分项。"她这么描述当时的情景，让我很好奇，她到底进入一个什么样的家庭，会这么打动她。

"我跟他进了家门，他父母既自然又热情地接待了我，让我感觉既不陌生，又不拘谨，很舒适。他虽然学历不高，但他父母都是高级知识分子，这令我很意外。老两口夫妻感情特别好，夫唱妇随，伉俪情深，家庭氛围非常温馨。他的父母对我说，他们儿子学历不高，其实责任在他们。他们年轻的时候，为了事业，把儿子寄养在孩子叔叔家里，因此耽误了儿子，他们很自责。他们喜欢我，很明确地表态，希望我能嫁到他们家来。就这样，一顿午饭，他父母谈笑风生，家里其乐融融。两位长辈对他和对我的关怀都是发自肺腑的长者对于晚辈的慈爱，这种关怀，让我一下子暖到了心底，感觉我好像找到一个温暖的家了。

"我非常贪恋他们温暖的家庭氛围。虽然那时候我对他了解并不深，也没有很多共同语言，可我太喜欢他们那个家了。我愿意在那样的家庭里生活。就这样，我结婚了。"

听到这儿，我才明白，她说"她被男方的父母给迷住了"是什么意思。

她在恋爱中没有找到理想的情爱，但是她在对方父母身上找到了慈爱和疼惜。她确实不像是嫁给爱情，而像是认了一对没有血缘关系的父母亲。

可惜，没有爱情和共鸣的婚姻，带有先天隐患。婚后，她和先生的经济差距愈加明显，两个人的精神交流也越来越少。后来，随着她事业发展顺利，先生就越来越限制她跟外界交往，甚至限制她跟男同事相处。生活慢慢就变成了控制和反控制。再后来，女儿出生，两人的关系得以好转，但女儿上幼儿园后，她把更多的精力投入到工作中，他们的关系又降到了冰点。

这年年底，她晋升了。开完年会，拿着奖金，她开开心心回到家。公婆带着女儿去看电影了，家里只有他们夫妻两人。她一进门，就遭到醉醺醺的丈夫的质问，责问她为什么这么晚回来。她见他无理取闹，就怼了回去。没想到这次丈夫居然对她大打出手，那是她第一次遭受家暴。她本想报警，可是被丈夫夺走了手机，幸好公婆带着女儿很快从外边回来了。她说她至今还记得，女儿看到那种场景后，眼里深深的畏惧和惊恐。她把女儿搂在怀里，女儿在她怀里瑟瑟发抖。

这件事过后，她闹过离婚，可是公婆反复劝慰她，并代表儿子向她道歉，也对她更好了。而自己的父母也劝她不要离婚，说是哪家没有磕磕绊绊，摔摔打打。她想起父母的婚姻，母亲就是这么熬过来的。她再看看自己的女儿，孩子还那么小，无奈，她就忍了下来。可是，家暴有一就有二，她和女儿持续不断的噩梦从此开启了。虽然公公婆婆不断劝说，但丈夫依然不知悔改。她后来也问公公，为何他和婆婆关系那么好，儿子却人格不健全。公公说，这一切都源于他和婆婆年轻时，因工作无暇照顾儿子，便将他寄养在自己弟弟家，弟弟信奉的就是棍棒夫妻、棍棒教育。他们也是发现弟弟有家暴恶习后，才把儿子接到身边，可是，已经太晚了。

就这样，在没离婚的日子里，他们的女儿渐渐长大了。他们买了新房子，丈夫坚持跟父母分开住，她更孤立无援了。她无数次动过离婚的念头，可总觉得孩子还没有成年。直到有一天，孩子老师打来电话，让她去一趟学校，她这才下了离婚的决心。

到学校后，老师递给她一篇孩子写的作文，题目叫"我最遗憾的事"。

她拿起女儿的作文，只读了一句话，就哭了。孩子第一句写的是："妈妈，我最遗憾的事，就是不能保护你，我可怜的妈妈。"女儿写了那天看电影回来冲入眼帘的一幕。女儿说她多么痛恨自己太小不能保护妈妈，女儿懊悔自己懦弱，在母亲一次又一次遭受殴打的时候，没有勇气冲到妈妈前面，用自己的身体挡住爸爸的铁拳。在作文的最后，女儿写道："妈妈，你放心，等我长大，我会用我的一生来保护你。将来，只有咱们母女一起生活，不需要异性。"

看完女儿的这篇作文，朋友说她知道自己错了。她久拖不决的婚姻，对女儿来说已经没有任何意义，反而是对女儿反复的伤害。她快刀斩乱麻，结束了自己的婚姻。为了尽快离婚，她甚至放弃了一些财产，迅速换回了自由。离婚后她感觉生活轻松了很多，过上了从来没有过的安心日子，女儿的状态也好了很多。

深夜，她在电话那端，絮絮叨叨说着自己的过往，时而温声细语，时而泣不成声，我就那么安静地听着。最后，她问了我一句："你知道我当时为什么没有向你求助吗？"这也是我特别想问她的问题。她说："因为，我知道，如果我向你求助，你一定会把我放在第一位，会力劝我离婚。可我那时候还没有想好要不要离婚。这些年，我跟他的父母相处融洽，甚至，比跟我自己父母的关系还要好。我想不清楚，如果我离婚后，我是不是就会失去我亲手搭建的，这个在别人看来完全理解不了的，他父母、我、女儿之间的这个温暖的城堡。"

听她说完这番顾虑，我深深地叹了口气。日日相处的真情谊，怎会那么轻易地逝去？更何况，女儿和爷爷奶奶之间还有血缘亲情，又岂是一纸离婚书能挡得住的？这段婚姻，是由于她对父母之爱的渴望迷住了双眼，选错了姻缘。

显然，朋友自己也认识到了这一点。在放下电话前，她用一番话对这段婚姻做了个总结："这段婚姻，我最应该反思的，就是我弄错了自己心里缺乏的到底是男女之爱，还是父母之爱。我因为渴望父母之爱，跟他结合。我对婚姻的理解，一开始就是错的。我当年就没有弄明白婚姻到底是什么。婚后，在他第一次打我的时候，我就应该坚决离婚。可我还是看不清楚现实，自我麻痹，以'孩子还小，需要一个完整的家'为借口，继续妥协。由于我对家庭的错误理解和错误抉择，让我的女儿重蹈我小时候的覆辙，目睹家暴，深陷恐惧，这是我最懊悔的事。"

从她的故事中我们看到了三个家庭的暴力，以及幼年暴力环境对孩子人生长远的摧残。

朋友幼年目睹了自己父亲对母亲的家暴，她未曾享受过被父母关怀的童年，导致了她对父母之爱极度渴望，也让她习得了受害者的隐忍，影响了对自己婚姻的选择和判断。在自己经受家暴的时候，也显得手足无措。

她前夫幼年生长在叔叔的铁拳下，成了叔叔家暴的受害者，并成长为一个新的施暴者。

在朋友和她前夫的小家庭里，前夫对她的家暴成了第三组暴力。女儿则变成了朋友小时候的样子，丧失了对异性的信心、对家庭的信赖。

家暴，长远地摧毁了孩子识别幸福、拥抱幸福的能力。

观察与沉思

家暴，是婚姻家庭领域最沉重的话题。

当一个人向亲人挥起铁拳，理智上，他不可能不知道，他正在对最亲近的人实施伤害；情感上，他不可能不知道，他伤害的是这个家庭的感情根基。但是，他失去自控，放弃自控，任由自己的拳头落在亲近的人身上，落在他们的心上，重重敲碎他们对于"家"的眷恋和信仰。

在这个过程中，"精神分裂"的，不只是施暴者自己，还有整个家庭，还有孩子。

一旦"家"有了这样有形的裂痕，几乎就没有了修复的可能，只能是一裂到底的命运。

在这个案例中，目睹和遭受家暴的孩子，在其后续的人生历程中，饱经磨难。他们的心理大厦，从幼时便缺砖失瓦，自然会影响他们的人生幸福。

家暴就像一个怪圈，像一个旋涡，小时候遭受过家暴的人，长大了还可能遇到家暴，也可能会摇身一变成为施暴者。新的一轮暴力循环中，又有新的孩子，被迫目睹家暴、习得家暴、接受家暴……家暴，到底何时才是终点？我们不知晓。但我们知晓的是，我们最好让家暴没有起点！

《中华人民共和国反家庭暴力法》明确提出反家庭暴力是国家、社会和每个家庭的共同责任，国家禁止任何形式的家庭暴力。《中华人民共和国家庭教育促进法》也继续强调，未成年人的父母或者其他监护人不得歧视未成年人，更不得实施家庭暴力。

我想，身为儿女，我们无法决定和选择我们的出身家庭；但身为父母，我们却有义务给孩子一个安全、温暖的家。无论我们自己在幼年曾经遭遇过什么，假使我们在幼年也曾遭遇过暴力，作为家长，我们也应该在自己组建的小家庭中，首先终结暴力，给自己的孩子一个安稳、平和、万里无云的天空。

可能，在这样温暖和煦的环境里养育孩子，也可以重新养育一遍那个遍体鳞伤的自己。

旧物与新思

CHAPTER 4

- · 全职妈妈和孩子的教育生态圈
- · 赌徒母亲的涅槃公主
- · 巨婴离婚，要向父母溯源
- · 见过人间百态，释然父母有杂念

在大学里读马克思主义哲学时，我印象最深的有两个理论：一是辩证法，二是发展观。大学毕业后，这两个理论始终伴随我，帮我理解世界，渡过难关。

再后来，当我有了子女，我发现这两个理论对于家庭教育，依然是最有指导意义的哲学。

首先说辩证法。

辩证法，粗浅理解就是不能片面地、带有自己主观视角地去看问题。要把自己像一枚硬币一样，翻来翻去，这样才能对事物有新的理解。对家庭教育来说亦是如此。父母要擅长在"旧物"中，翻来覆去，寻找"新思"。

辩证，就是要求我们要全面、不偏执，要开放，要多元。在多重视角下来看家庭教育，我们发现，家庭教育，未必是传统理解中那种自上而下、以大对小、以强对弱的教育，也未必是父母对子女单向的指引，它本就可以是家长和孩子的双向奔赴，内含相互教育的特质，内含孩子对父母的反向教育，以及对父母教育的反作用力。

其次说发展观。

发展观，就是说我们要擅长以运动的、变化的、发展的眼光去看问题，而不要以静止的、不变的、永恒的眼光去看事物。这放到家庭教育上，同样有指导意义。

我们不仅要擅长以运动的、变化的、发展的眼光去看孩子，我们还要擅长以运动的、变化的、发展的眼光去看我们教育的合作者——学校，我们更要擅长以运动的、变化的、发展的眼光去看孩子的教育生态系统——家校协作系统。

怎么看事物就决定了我们会怎么对待事物，怎么处理和应对事物。家庭教育亦是如此。

当我们擅长以辩证的、发展的眼光，去研究家庭教育，我们就拥有了从教育"旧物"中发现"新思"的能力。

13

全职妈妈
和孩子的教育生态圈

楔子

到底我们怎么对家庭教育结构做出安排才是合适的？

家庭要怎么跟学校合作？

全职妈妈（包括全职爸爸）是很多家庭的教育选择。可是，全职妈妈们有个内卷圈，在这个圈子里，有着超乎寻常的风浪，妈妈们有太多的精力过度研究教育，过度互拼互卷，孩子面临超出同龄人的压力。

父亲退出家庭教育后，家庭教育结构失衡，也带来更多的家庭关系和家庭教育问题。

这日，我正跟一所学校的校长交流近期发生的未成年人法治案件，琢磨着怎么给家长们开展一场有启发意义的讲座。正商量着，就听到校长室外一阵嘈杂声，紧接着一对母子走进了校长室。

我一看，这不是小伟的妈妈吗？后边跟着的正是初三年级的小伟同学。没等妈妈坐定，小伟就气冲冲地开了口："你凭什么来学校？赶紧回家去。以后，不经我同意，不准你来我们学校。"

小伟的妈妈显然被气到了，冲着儿子怒吼："凭什么？就凭我是你妈！你是我儿子！我有权管你！有权来学校了解你的情况！"

这句话好像更加激怒了小伟，小伟怒道："妈妈？你算什么妈妈？你自己都不工作，你有什么资格管我？"

校长只好先让家长坐下来，班主任将小伟带到另一间办公室，分开跟母子交流。

身为学校的顾问律师，我跟小伟妈妈并不是第一次接触。说起来，之前的接触还是小伟妈妈引起的。

前一次事件，是我突然接到学校通知，说学校一位特别有名的老师被家长举报，举报内容是老师体罚学生，希望律师介入处置。

"体罚"，是一个特别严重的词。因为体罚行为不仅是对学生权益的侵害，也是教师一种严重违反职业道德的行为，所以"体罚"行为一旦被查证属实，老师就会受到严肃处分。这不仅涉及学生权益的维护，也关系到教师的职业生涯，所以对于"体罚"的认定，我们都特别严谨和慎重。

接到学校通知后，我参加了学校的事件调查小组。经过细致的调查，我们发现，所谓的"体罚"不过是一场掐头去尾、断章取义的乌龙事件。而那件事的实名举报者正是小伟的妈妈。

原来，事发那天，在放学前后，正下暴雨。学校允许家长带雨具进入校园接孩子回家，小伟的妈妈就拿着伞走进了学校。当时小伟读初二，是刚刚从别的学校转学过来的。说来凑巧，当小伟的妈妈走到班级门口的时候，小伟恰好在讲台上交完数学作业，转身准备返回座位。这时正在讲桌前批改作业的数学老师兼班主任叫住了他，细细叮嘱几句后，用手在小伟的后背上"啪啪"拍了两下，鼓励他继续加油。小伟这才离开了讲台，返回座位。

没想到正是老师"啪啪"拍打小伟后背的这个动作，恰巧被小伟妈妈看到了，因为小伟刚刚进入这所学校，数学又不好，前两天数学考试成绩也不理想，小伟的妈妈就一直很担心班主任会不会对新转来的"差生"不满，也担心孩子会不会被新同学欺负，在这种担忧之下，她又看到老师用手拍打小伟后背，这一系列要素，让小伟妈妈瞬间认定老师在"体罚"学生。

把孩子接回家后，她思来想去，儿子如果被老师欺负，就很难在新学校立足，为了敲山震虎，她随手就拨打了"12345"热线，实名举报了这位老师，要求换掉老师。她这一举报立刻引起了轩然大波。

这样子虚乌有的"体罚"事件，激起了全班同学的不满，也引发了其他家长的不满，家长们和孩子们纷纷为自己的好老师鸣不平。那段时间，全班同学看小伟的目光中总是带着浓浓的责备，甚至带有一种戒备，这让小伟非常难堪。他刚刚融入并喜欢上这个新的班级，班主任老师和同学们都对他非常好，没想到因为妈妈这个莫名其妙的举报，让自己喜欢的老师平白受了这么大的委屈，他非常难堪。为此，他跟妈妈之间的关系降到了冰点。

好在小伟的妈妈也并非无理取闹的家长，当孩子跟她解释了当天情况，其他家长也把自己孩子的看法委婉转述给她之后，她知道错怪了老师，就认真跟班主任道了歉，这件事就这么过去了。这件事之后，她还跟班主任主动加强了联系，希望多向老师反馈儿子在家里的表现，让老师在学校多多关照。这次，孩子上初三了，成绩有些止步不前，于是联系班主任后，来学校当面听听老师的建议。

可是，小伟的妈妈怎么也没想到，她刚进校园，还没见到班主任，就跟儿子发生了冲突。

小伟的妈妈走进校园的时候正是学校的大课间时间，同学们都在室外活动，小伟的同班同学一眼看到小伟的妈妈进了学校，就三步并作两步跑到小伟身边说："小伟，你妈来了。"小伟一抬头，果然看到妈妈进了教学楼，他想也没想，抬脚就追了上去。他以最快的速度在楼道里拦住了妈妈，要求妈妈立刻回家，不能去找老师。妈妈一看儿子这态度，气坏了，心里越发认定儿子在学校表现肯定不好。母子两个就在楼道里对峙起来。一个非要去找班主任，一个坚决不让。小伟的同学也陆续围了过来。被这么多同学围观，小伟态度越来越恶劣。正巧，学校老师从旁边经过，就把母子俩带进了办公室。这就发生了开头的一幕。

经了解，小伟的妈妈是位全职妈妈，她对小伟的学生很上心。原本她有一份在外企的工作，收入不错，很有发展前途，但为精心照顾小伟，经营着一家民营医院的爸爸就劝说小伟妈妈辞去工作，全职在家保障孩子的教育和学习。

在我处理的涉及家庭教育的案件中，全职妈妈的比例并不低。人们都以为家里有一位全职妈妈，一定是对孩子教育最好的安排，但是事实往往不尽如人意。

我问小伟妈妈："您成为全职母亲后，感觉这样的安排对孩子的教育有帮助吗？"

小伟妈妈回答："一开始是有的。我是在他读六年级的时候辞职的，六、七年级的时候，他很开心的。他说有妈妈在家真好，一回家就有热饭吃，每天都有人接送，他需要我的时候我都在，他感觉很好，成绩也有提高。"

"那么，是从什么时候开始，您和他的感觉都不好了呢？"

"是从八年级开始，发生在我给他转学之前。当时，已经是初二了，全职妈妈群里都在分享陪读经验，大家都说初二很关键，我就加强了对他的监督和辅导，没想到这时候发生了'学生墙'事件。"

"学生墙？"校长和我都很疑惑。

"是的，就是学生们自己在QQ空间创立的一个交流平台，是学生们自己举办、自己管理的一个自媒体。学生们可以把自己想说的话、自己的愿望，匿名或不匿名地发布在上面，仿佛是学生们给自己建立了一个'公告墙'，所以名字叫'学生墙'。"

"那有什么问题吗？"

"那天，我在'学生墙'上发现有两个女生对我儿子公开告白，说是喜欢我儿子，话说得非常大胆，很多同学在下边跟帖，我看到我儿子也有回复，关系有些暧昧，我就很担心了。"

"你做了什么吗？"

"我趁儿子不注意，翻看了他的手机，把'学生墙'的历史信息、同学的QQ空间、微信联系人，都给删除了。我想把他从微信和QQ中拉出来，防止他越陷越深。"

"你跟孩子的冲突，就是从这时候激化的，是吗？"

"是的。从这件事开始，孩子就很抗拒我的监管。只要我在，他就不肯学习，故意与我对抗，这让我很抓狂。后来，我们搬了家，转了学。但那时候，他的成绩已经很差了，特别是数学。所以，我才会因为过度担心，误会老师体罚。"妈妈再次对学校表示了歉意。

"这个事件，应该对你和孩子的关系造成了更坏的影响，对吧？"

"是的，影响非常坏。从那件事之后，他几乎不跟我说话了。我的建议，不管有没有道理，他都不肯听。孩子的父亲因为工作忙根本没时间管教，孩子的事情全都交给我处理。上次事件之后，我就开始严重失眠，小伟的学习情况一直没有好转，我也经常问自己做出这么大的牺牲还有什么意义。"小伟的妈妈讲了很多，显然她内心无比焦虑。

为了安抚小伟妈妈的情绪，校长答应一定会更多关注孩子的情况，认真听听小伟内心的想法，所以，建议小伟妈妈先回家，后续再进一步沟通。小伟妈妈临走前，学校给她提了两点建议。一是建议她去医院诊断一下失眠和焦虑问题。如果她的状态过度紧绷，也会影响母子关系，影响家庭教育的效果。二是建议她下次来学校的时候，叫上小伟的父亲一起来，孩子的教育需要父亲的参与。小伟的妈妈略显为难，但还是答应了。

小伟的妈妈走后，班主任老师反馈，小伟就是因为母亲之前的错误举报让他很反感，所以不想他妈妈来学校。小伟也反映妈妈对他照顾得无微不至，这让他很有压力，而且妈妈对他的监管很严，经常拿他跟别人家孩子比较，他感觉喘不过气来，所以非常逆反。

冰冻三尺非一日之寒。看来，母子关系的缓解，需要学校做更多的工作。

几天后，小伟的妈妈和爸爸一起来到了学校。小伟妈妈去医院做了诊断，医生诊断结果是抑郁。小伟爸爸意识到了问题的严重性，也来到了学校。

小伟爸爸认真了解了孩子自初中以来的成长状况，意识到将家庭教育责任完全推给妈妈是不明智的，加大了其孤身承担教育义务的精神压力，也忽视了父子关系对孩子成长的影响，导致家庭教育结构失衡，致使家庭教育氛围一极化，导致孩子和妈妈对抗。在交流过程中，我们也讨论了很多缺少父亲支持而导致孩子教育失败的案例，小伟的父亲意识到他的参与对于青春期的儿子来说至关重要。

小伟爸爸很快做出了改变。在他的支持下，小伟妈妈的抑郁很快得到缓解。小伟得知妈妈抑郁后，也开始了自我反思。学校一方面疏导孩子的心理压力，一方面引导他更多地理解父母。父母子女之间，开始换位思考，父母尊重孩子，孩子理解父母，一家人的关系渐渐得到了改善，家庭氛围变得积极、和谐、有效，小伟的成绩也稳步提高。

观察与沉思

这个案件，有三个问题很值得思考。

其一，全职妈妈家庭中家庭教育的安排问题。

有一个"全职妈妈"，对家庭来说，其实是一柄双刃剑。有利的是，妈妈可以从工作和社会事务中抽身出来，更周到妥帖地照顾孩子；不利的是，由于全职妈妈将全部精力聚焦在孩子身上，很容易造成对孩子的过度监管。

而且，家里有一位全职妈妈，往往意味着父亲几乎可以完全退出家庭教育工作，将家庭责任全部压在母亲一人身上。一旦孩子发展不如意，母亲就面临前所未有的焦虑问题。并且，父亲的退出，导致了家庭教育结构的失衡，对夫妻关系以及孩子成长都会有影响。所以，即使当一个家庭做出全职妈妈的安排，父亲也必须参与到家庭建设和孩子教育中来。

其二，家校合作对于家庭教育的重要性。

家校合作、家校信赖，是为孩子打造良好和谐的教育环境的关键。在家校关系中，建议家长秉持着善意去信任学校，冷静与学校沟通，友好地去理解和建设家校关系。

本案中小伟的母亲因一时的怀疑和误解，制造出紧张的家校关系，最终伤害的还是孩子。

要知道，孩子们在学校里有他自己的"生态圈"，孩子们都在用心经营自己的"校园生态"，他们努力为自己树立各式各样美好的"人设"。比如，很多孩子都希望自己在同学和老师眼里是有担当、有魅力、有能力、有能量的"人物"，他们为此会非常用心地经营自己在学校的社交生态。而父母一时冲动，可能产生的不仅是对老师的一时误会，还可能破坏孩子在"生态圈"中的形象，破坏孩子的校园生态关系。父母这种对孩子不信任、不尊重的行为，会产生孩子无法承受的结果。

父母共育，家校合作，这是教育孩子的基本方法。

其三，监护人要擅长以运动的、变化的、发展的眼光，去看待孩子、看待师生关系、看待亲子关系、看待校园。我们要擅长抛却"旧物"，滋养"新思"，更新我们的家庭教育认识。

就本案来说，首先，我们需要以运动的、变化的、发展的眼光来看待孩子。不管过去小伟有过怎样叛逆的经历，孩子转入新学校后，他的学习环境发生了变化，他对于学校生活的认识也在发生变化，他对于自我的认知和期许等都在发生变化。转学后的他与转学前的他已经有很多不同，但是，母亲没有关注到这些，还在以过去的旧认识、旧思维去揣度孩子，一旦孩子遇到问题，就认为孩子不懂事、不努力。这样的认知和做法，只能让孩子渐行渐远。

其次，我们需要以运动的、变化的、发展的眼光来看待学校。此学校非彼学校，但家长对这些不同视而不见，闭着眼睛就开始了新历程中的家庭教育。

最后，我们需要以运动的、变化的、发展的眼光去看待学生的教育"生态圈"。家庭和学校都是教育系统的组成部分，都是孩子的生态环境，校内孩子的师生关系、同学关系都构成他的生态系统。今天的孩子独立、自我，与亲子关系相比更重视和同学、老师的社交生态关系。如果监护人依旧局限在自己对"旧物"的思维里，就无法因地、因时实施更优质有效的家庭教育。

14

赌徒母亲的
涅槃公主

楔子

"爸爸妈妈离婚后，你过得好吗？妈妈赌博毁了
这个家，你怪妈妈吗？"

女孩从拥有人人羡慕的美满之家，到父母离婚，
父亲背信，母女寄人篱下，生活从云端跌落污泥。无
论从哪个角度，作为未成年人经历这样的巨变，成长
之路都异常艰辛。但是，这个女孩实现了凤凰涅槃，她
在淤泥里、废墟上完成了精神的蜕变，成长为理想的
模样。

"李律师，你能不能再帮帮我？我没钱打官司，等我
跑单攒够了律师费，我再付费行吗？恳请你先帮我看看这
份卖房合同，我能不能把房子要回来？这房子对我和女儿

很重要。"

　　时隔多年，我收到了曾经的一位委托人的电话。她在电话里苦苦哀求，希望我能帮她打个官司，甚至希望通过打这个官司，救她和女儿于水火。我深深地叹了口气。为她，也为她曾经那个家，更为她那个带在身边曾经像公主一样宠爱的女儿。那个当年天真无邪的女孩儿，如今也读初三了，不知道在家庭横生变故的这些年，她跟着妈妈日子过得怎样。

　　我初识这位妈妈，是因为她家要打一场装修合同的官司，她经人介绍找到我。那时候，她家刚动迁，安置了3套房子，她先卖掉了2套，整合了资金，买了一套别墅。后来见房价上涨很多，就又卖掉了1套。为了给别墅装修，她找来了一个施工队。可是这个施工队偷工减料不说，就连设计和施工都错得离谱。别墅的楼梯设计不合理导致上下楼容易让人在固定的位置摔跤，为此她只好找律师提起诉讼。

　　为了解现场，我去过她家几次，就这样熟稔了起来。那时候，她有个美满的三口之家。她为人豪爽疏阔，喜欢交朋友。丈夫是位转业军人，赋闲在家，一切以她为重，妇唱夫随。她还有个可爱的女儿，备受两人的宠爱。丈夫作为全职爸爸，专门负责女儿接送上下学，照顾母女日常起居。这个家庭，你敬我爱，其乐融融。后来，装修官司打赢了，她还和丈夫做了一顿丰盛的晚餐，邀我一起庆功。

　　案子结束后，我们好久没有联络。

　　两年后的一天，她丈夫突然打电话过来，说是遇到事情了，来咨询一下怎么处理。

　　在办公室，我接待了她丈夫。他单刀直入："李律师，我来咨询一下离婚问题。"我很震惊，意外地看着他。他赶紧解释："李律师，不要误会，不是我离婚，是我朋友要离婚，我来帮他咨询一下离婚的问题。"

律师原则上是不接受代为咨询的，因为很多案例证实，代为咨询的结果往往不佳，甚至南辕北辙。中间人转述的细节和当事人的实际情况往往有很大误差。因为基础事实陈述不精准，会导致律师的解答失去意义，因此，我很少接受代为咨询。但他作为曾经的委托人都已经站在我面前了，我就同意粗略听听他朋友的情况。

据介绍，他这位朋友的妻子多年前曾沉迷赌博，后来改邪归正了。不过，最近他朋友家总有人找上门来讨债，他朋友才知道妻子因赌博对外欠了很多债，甚至把家里的房子也抵押了。他朋友知道后，先是左拼右凑还掉一百多万元的债务，可是债务实在还不清，没办法了，就想跟他妻子离婚，所以拜托他来代为咨询一下离婚的法律事务。

我听完来龙去脉，跟他做了简要分析，并建议他转告朋友一定要亲自来律所聊一聊事件细节，才好妥当处理。他点点头，回去了。

我本以为，那次确实是他代朋友咨询。后来那位朋友也没有来过律所。身为律师，我们经历的这种事情太多了，毕竟离婚是终身大事，当事人有反复也很正常。可是，没想到，过了一段时间之后，他一家三口一起到了律所，我这才知道其实就是他们自己家的事情。那位痴迷赌博的妻子，就是我熟悉的曾经委托人本人。

他们这次来，是已经自行拟好了一份离婚协议书，希望我能给些更专业的法律建议，他们想去民政局办理协议离婚。

听他们讲完，我没有立即着手给他们修改协议书。因为我关注到了他们身边的女儿。这个女孩跟我两年前见她的样子，简直是天壤之别。现在的女孩已经没有了过去的娇憨，她转动着一双大眼睛，忐忑不安地看着父母，嘴唇抿得紧紧的，瑟缩在母亲身边，一句话也不说。我心里叹了一口气，让助理先给孩子取了一份甜点来，让她慢慢吃着，才开始审阅夫妻二人的离婚协议书。

离婚协议书写得很明确，夫妻两人自愿离婚，女方净身出户，唯一一套别墅虽已被法院列入执行拍卖程序，但两人约定，如果法院拍卖款还掉债务后还有余款，余款都归男方所有。因男方是外地户口，所以，为了女儿读书需要，女儿的抚养权给到母亲，父亲按月支付抚养费2000元，并保证每月探望女儿两次。离婚协议上已把孩子的抚养权、探望权以及夫妻共同财产的分割方案写得明明白白。

看完后，我问了一下协议内容是否为两人真实的想法，两人都点了点头。

关于协议离婚，因为体现的是当事人的自主意愿，作为律师一般不会提出很多反对意见，只要当事人对财产分割和孩子抚养权做出双方同意的安排就可以了。但是，这次，我拿着手中的协议书，看着妈妈身边茫然无助的女儿，还是觉得有些不妥。

"你们想过吗？你们这样一个财产分割方案，怎么保障女儿的权益？"我问道，"孩子妈妈净身出户，女儿跟随妈妈共同生活，现在你们的房子马上要被拍卖了，母女居无定所，在这种情况下，女儿的成长怎么保障？"

夫妻俩互相看了看，女方低下了头，男方做了回答："目前我们家的状况就是，家里的存款早已用来给她妈妈还债了，现在没有存款了。房子也马上要被拍卖了，拍卖后也不一定有余款。即使有余款，如果交给她妈妈，她妈妈也把控不住，可能还会身无分文。所以，只能是这样分割。我原来不工作，最近开始在一家物流公司上班，女儿的抚养费由我来负担。"

我又问了一遍孩子的妈妈，是不是也是这么考虑的，她点了点头。

我看着一言不发的女孩，再次叹了口气。两年前，他们还有一个温暖、令人羡慕的家。孩子曾是那么天真可爱、无忧无虑。今天，这个家就这么散了，女孩马上就要进入青春期，还没来得及憧憬美好的青春世界，就因她妈妈的过错，突然被迫面对满目疮痍、混沌难堪的现实，失去了安定的成长环境和平稳的内心世界。这孩子的不安、恐惧，不知道她的父母能了解多少。我轻声问了一遍孩子："你愿意跟随妈妈共同生活吗？"孩子没说话，但轻轻点了点头。

就这样，夫妻俩去民政局办理了离婚手续。离婚后，母女两人在外边租房住，孩子爸爸则服从物流公司的安排，离开了上海，去了广州子公司。孩子的妈妈因为不断被别人起诉、骚扰，很快被用人单位辞退了。失去工作后，孩子的妈妈没有办法，就借用亲戚的车子注册网约车平台，开始接单跑网约车，每天赚出租费补贴生活。

一转眼又是几年过去，她们母女的情况我无从得知，直到这天夜里我又接到妈妈的求助电话，就发生了开头这一幕。

这天是周末，我约了这位妈妈和女儿见面。考虑到律所环境对女儿来说比较有压力，就将面谈地点选在了咖啡馆的包间。这位妈妈和女儿到的时候，已经是中午了。我点了一壶茶，跟孩子的母亲交谈，又给女儿点了一份套餐。孩子明显是饿了，狼吞虎咽。孩子的妈妈有些不好意思，说离婚后经济上一直很紧张，很久没有带孩子在外边吃过饭了。孩子的妈妈口气里满是愧疚。

我问她："离婚后，你们的离婚协议履行得怎样？"

她叹了口气："哎，李律师，哪有履行啊。离婚后，房子拍卖了，拍卖款不够还债，所以就没剩下钱。她爸爸去广州上班后，一开始赚得少，又要租房子，就没寄抚养费来。后来收入稳定了，寄了三五个月后就又不寄。她爸爸说他在广州再婚了，拿不出钱来。后来他又生了个女儿，显然也没有经济能力再给我们母女寄钱了。"

"那孩子的生活和教育费用怎么办？"

"就靠我自己开车赚钱，"孩子妈妈接着说，"我其实挺埋怨她爸爸的，当年，我跟他也是克服万难才走到一起的。我是本地人，家庭条件好，他那时候是转业军人，没有本地户口，也没有很好的工作。我们是网上认识的，网恋后，他缠着我跟他结婚，为此我还跟父母决裂了。跟他结婚后，有了女儿。虽然我婚前有点儿小赌瘾，但我跟他谈恋爱时就戒了赌，婚后更是很多年都没碰赌博。况且，婚后，我们也有过甜蜜时光。那时，他没有合适的工作，我就同意他专职在家。我怕他心里别扭，还把家里的钱都给他管着。外人看来是他在照顾我们母女，实际上家里的财政大权我都交给他。我也不知道他临走的时候，是不是真的没有钱。可是，无论如何，他自己的女儿不能不管吧？我现在赚钱能力有限，除去房租、生活费，很难保障女儿稳定的生活。"

"那你们现在怎么过的呢？"

"我又找了一个男朋友，没结婚，仅同居。他是本地人，有房子。我就退了出租屋，跟他搭个伙。他也带着一个孩子，是个男孩。可是，这个孩子非常反对我和女儿住在他们家，担心我女儿会抢他的房子，经常欺负我女儿。"

"这就是你在电话里说，想把之前卖掉的一套房子收回来，不卖了的原因吗？"

"是的。我最后卖出去的那套房子是动迁安置房，那时候还没满限售期，当时收了钱，没给下家办过户。现在限售期过了，可以过户了，可我现在缺房子，就不想卖了。况且，我觉得几年前卖给下家太便宜了，房价又涨了，我卖亏了，所以，就不想过户了。可是人家起诉我，要我过户，这个官司你能帮我打吗？"她眼巴巴地看着我。

我反问了她一句："如果你是下家，你觉得能反悔吗？"

她看着我，久久没有说话。她回头看向女儿，无可奈何地说："妈妈就是不甘心，想问问李律师。其实，妈妈也知道这样做不厚道，不行的。而且，就是退了房子，妈妈也没钱退给人家了。"

包间里很安静，气氛很伤感。

我看着旁边的女孩，这女孩显然比几年前更成熟了。她吃饱了饭，在旁边安静地喝着茶。我其实一直很担心，这些年颠沛流离，经历了生活巨变的女孩是怎么跟着妈妈走过来的。

我问她："爸爸妈妈离婚后，你过得好吗？妈妈赌博毁了这个家，你怪妈妈吗？"

令我意外的是，女孩儿这次没有低头，也没有回避，反而迎着我的目光，轻声回答："我曾经很怪爸爸妈妈，特别是妈妈。如果妈妈不赌博，我们现在还住在别墅里，爸爸还在我身边，我们还是一家人。可是妈妈赌输了一切。她不只输了钱，输了房子，还输了爸爸，把我们生活的尊严都输掉了。"

孩子的妈妈第一次听女儿说这些话，心虚得大气都不敢出，只是低头听着。我静静地看着女孩，她如此平静的语气，让我感觉她还有话说。

果然，她又开了口，但这次相当笃定："但是，我现在已经不怪妈妈了。我想通了。就像我上学一样，我经常会犯错，有时候这道题做对了，有时候那道题做错了，总不能保证自己全对。妈妈虽是大人，但也一样会犯错。她赌博，就是一场大错。我犯错的代价是成绩下滑，我要很拼命地学习，才能赶上去。妈妈犯错的代价就是让我们的生活没有尊严，要过回好日子，妈妈和我就要拼命地再去努力，把尊严和面子挣回来。"

孩子平静地说着，扭头看了一下妈妈，又开了口："爸妈离婚后，妈妈没日没夜地跑车赚钱，已经在竭力弥补错误了。去年，妈妈劳累过度，还闹过一次脑梗。那一刻，我特别害怕失去妈妈。我那时就想明白了，相比失去稳定的生活，我更害怕失去妈妈。妈妈错了，但事情已经过去了。只要我们身体健康，再熬两年，等到我成年，我就跟妈妈一起赚钱，我们会好起来的。"女孩语气坚定地对妈妈说出了她心底攒了很久的话。

"妈妈，不要急，你赚的钱够我们俩吃住就好。你不用委屈自己跟伯伯和哥哥住在一起，那不是我们的家。再过几年，我跟你一起努力工作，终会有属于我们自己的房子。"

女孩平静又坚定的一番话，让妈妈的眼泪不断掉落，我的眼里也泛起了泪花。

孩子的妈妈本来以为，房子不能毁约，被前夫遗弃，又寄人篱下，人生已经到了绝境，没想到女儿的体谅和宽容，让她绝处逢生。她把女儿搂进怀里，泣不成声。

从那一刻，我深深地感慨，这个女孩长大了！

在这样艰难的环境里，这个女孩儿竟然这么积极上进！

这个初三的女孩，给了我极大的鼓励。身为律师，我看到过太多猝变的人生故事。这样的故事发生后，很多人会在痛苦中沉沦，特别是未成年人，他们中的很多人会将一切错误都归咎于父母，自己甚至会走上歧路。但这个女孩没有，她在一段时间的痛苦挣扎之后，反而在苦难中浴火重生了。显然，幼时父母给她的疼爱，那个家庭的温暖，在她心底埋下了一簇小小的火苗。在人生关键时刻，这簇火苗给她撑起了一方温暖。虽然外界环境骤冷，但心里的温暖还在。这让她不只是站在自己的视角，更站在父母的视角，看到了人生的不易和艰难，理解并宽容了父母的错误。

这个案子，让我沉思良久。

在这个家庭的变故里，自然有孩子妈妈客观的过错。但妈妈认真悔过、拼尽全力抚养女儿的行为，也让女儿持续感受到母爱的温暖，看到了生活的希望。她在妈妈的拼搏历程中早已原谅了妈妈。

两人离开后，我拨通了孩子爸爸的电话，跟他复述了他女儿刚刚说的那番话。从那以后，孩子的爸爸每个月都准时把女儿的抚养费转给孩子的妈妈，有时还会多转一些，也一次性把之前拖欠的抚养费都付清了。

观察与沉思

这个案件其实反映的是一个家庭将近十年的磨难历程。

他们从人人羡慕的小康之家，到夫妻离婚，父亲背信，母女寄人篱下，生活从云端跌落污泥。无论从哪个角度，我们都为这个未成年女儿的成长之路担忧。但是，孩子的凤凰涅槃，让我们在意外之中深思，是什么促使她在淤泥里完成了蜕变，成长为理想的模样。

我们常说，家庭教育是一个潜移默化、言传身教的过程。童年时期的成长环境，往往给其打造了人生的底色。在这个案件中，女孩虽然突遭家庭变故，但是童年时期，父母疼爱，家庭温暖，在孩子心里播下了爱的种子。妈妈豪爽疏阔的性格，爸爸待人接物的友善，也给孩子在童年时期就塑造了自尊自强的秉性。基于这些，她才能在父母离异后，理解和原谅父母。

身为父母，我们很难保证自己所走的每一步都是对的，也很难保证自己的每一次言传身教都是正确的。但所幸人生不是转瞬即逝的时间点，而是一条有记忆的长河。我们曾经给予孩子的善因，也会产生今日孩子的善果。我们在行差踏错时，面对错误，勇于承认，勇于纠正，勇于担责的态度，也会让孩子在废墟之上，看到纠错的希望与力量，奋力重生。

也许，从某个角度来说，这是更真实的家庭教育。

这个案件，让我对家庭教育的方向产生了新的思考。

谁说家庭教育就一定是由上而下，是父母对子女的教育？家庭教育，难道就不可以是子女反向对于父母的教育？

关于家庭教育，传统概念总是指向长辈对晚辈的"单向"教育。在这种单向教育通道里，孩子即使有话，可能也不敢说，也不让说。单向教育中，只有家长在对孩子提出这样或那样的要求，却不允许孩子反过来质疑家长权威，督促家长提高素养。

家庭教育，从"新思"角度来看，其实是双向奔赴，是双向合力，是父母和子女互为作用力和反作用力，是双向教育。

本案中的父母在女儿年幼时，帮她塑造了良好的品质，使她在人生风浪面前保持了定力，同样案件中的女儿，也对父母产生了很强的反作用力，对于身处迷途的父母，她以宽容有爱的言行，做了很好的家庭教育。父母迷途知返，和女儿的反向教育很有关联。

作为家长，我们应该欣然接受这种双向教育。

若我们在日常教育孩子的同时，肯接受孩子对我们的教育方式、教育能力的要求，接受他们的评议，在鞭策他们的时候，也允许他们监督和鞭策父母，甚至以子女为师，向他们学习，那么我们的家风会更加开明，关系会更加和谐，家庭教育的效果应该更值得期待。

家庭教育的本质，理应是父母和孩子共同成长，双向奔赴。

15

巨婴离婚，
要向父母溯源

楔子

被操控的女儿和被溺爱的儿子的婚姻，如何走向了解体？

子女的成长之路，是一条与父母渐行渐远渐独立之路。父母的过度控制和参与，满足的仅是自己潜藏在内心的不安和私欲。而父母的过度纵容和溺爱，无法让子女真正在社会上立足，无法让他们真正拥抱幸福的生活。

"李律师，你一定要帮我女儿起诉离婚，我女儿的婚姻生活是一天也过不下去了。"

在律所里，我接待了一对老夫妻和他们的女儿。女儿容貌清秀，35岁左右的样子，看上去很年轻。老父亲坐在她旁边，60岁出头，衣着整齐，目光如炬，振振有词，显然是家里的主导者。旁边坐着的60多岁的女人，是他的老伴儿，随着老先生的话，配合地点着头。

"李律师，我跟你说，都怪我这个女儿太任性，才有今天。"他在展开事实之前，先对女儿发表了一通不满。女儿低着头，没有说话。这位老父亲又继续往下说："我女儿之前在老家有过一段婚姻，后来离婚了。离婚后，我让她留在老家继续发展，可是她执意一个人带着孩子南下出来闯。之后就遇到了现在这个不负责任的丈夫。我和她妈坚决反对，她就是不听，现在这日子过成这样！这婚，一定得离！"

老父亲脱口而出的几乎全是愤怒的指责，对事实细节的陈述很少。这让我们很难了解女儿婚姻的详情。

我转头看向当事人——这位35岁左右的女儿。"要么，让你女儿本人说说？毕竟是他们两个人的婚姻，自己陈述会更细致准确。"我看着这位老父亲，话却是对着女儿说的。这位老父亲看了一眼女儿，"好吧，你来说。"

就这样，陈述事实的权利，终于回到了当事人本人手里。

原来，女儿曾是北方一名职业中学的老师，她的老父亲曾是这所学校的教导主任。当年女儿大学毕业后，老父亲把她安排进了自己这所中学教书。后来，女儿也是听老父亲的话，嫁给了父亲的一名学生。

在第一段婚姻上，女儿曾跟父亲有过矛盾。女儿在大学毕业时本打算到男友所在的城市去工作，但遭到了父亲的坚决反对。父亲心脏不好，女儿跟父亲闹了两次，可父亲寻死觅活，女儿怕父亲真的出事，只好放弃这段感情，留在了父母身边。

后来，女儿跟父亲安排的相亲对象（也是父亲的一位得意门生）恋爱、结婚、生子。但是这段婚姻维持的时间并不长。婚后，男方过于计较钱财得失，他要求女方和他完全平均承担生活支出。共同生活期间婆媳关系也十分不和谐。在孩子四岁时，夫妻俩爆发了最激烈的一次争吵，最终离了婚。离婚时，她父母倒没阻拦，因为女方父母对第一任女婿和家人的做法也很不满。最终，通过诉讼进行了财产分割，孩子判由女方抚养。

第一段婚姻中，女儿对于父母的干预有着非常强烈的不满，认为是他们让自己牺牲所爱，导致不幸的结果。所以，离婚后，女儿坚决要离开家。考虑到孩子才四岁，要给他找个好的读书环境。斟酌一番后，她南下应聘进了一所职业中学当老师。聘任手续办妥后，她租了一套住房，把儿子接过来，带着儿子开始了新生活。

新的环境，新的工作，让她放下了过往，全心投入新生活中。她的工作能力很强，很快得到了同事们的认可。儿子的幼儿园就在学校旁边，她每天接送也很方便，孩子融入也很快。就这样，大约半年后，她和儿子就完全喜欢并适应了现在的日子。因为孩子喜欢小动物，她养了一只小狗，没想到这只小狗牵出了她的第二段姻缘。

这天，她和儿子在小区里牵着小狗散步，接个电话的时间，儿子和小狗跑远了，她就追了上去。在小区景观池旁边，她看到自家小狗正跟另一只小狗撒欢儿追逐，儿子手足无措地站在旁边。她只好走上去，打算把小狗分开。可是两只小狗玩得难舍难分，她也无能为力。这时，一个男人走了过来，跟她打了个招呼，上去就把两只狗分开了。就这样，他们认识了。再后来，渐渐地她知道对方离异带着一个女儿，也住在这个小区里。他女儿和自己儿子年龄相仿，两个孩子也能玩到一起。就这么一来二去，两人渐渐走到一起，准备重新组建新家庭。

只是，女儿没想到，这次结婚竟又遭到父母的反对。父亲在电话里暴跳如雷，谴责她，反对她。可这次，她坚决不妥协。

为了结婚，他们打算买套婚房。可是，她没想到的是，有一天父母竟突然出现在她面前，说已把老家的房子卖了，带了卖房款来找她，父母打定主意了要在南方与她的新家庭一起生活。

她哭笑不得，措手不及，又万般无奈。但父母已经把房子都卖了，总不能再把他们送回老家去，她就只好又在附近租了套房子，将父母先安顿了下来。

后来，她父亲拿出卖老家房子的四十万元和男方父母的出资一起，拼出了房子的首付。她和男友又贷了些款，就算把婚房买下了。

日子看似安稳起来，一家四口组建了新家。她父母租住的地方也不远，每天过来坐坐，偶尔帮她接送一下孩子，日子也渐渐上了轨道。日子虽然不算圆满，但也还过得去，她还比较满意。

直到情人节这天，她不经意看到了丈夫的聊天记录，才突然意识到婚姻又到了悬崖的边缘。聊天记录显示，她丈夫在情人节这天，同时向四个不同的女人，转了四个"520"。

因为有过一次失败的婚姻，她对这次婚姻危机的处理就很慎重。

她没有对外声张，却开始不断留心。她发现丈夫每天早晨离家去上班竟然是个谎言，事实上他早已被单位辞退。每天离开家，都是直接进了麻将馆。与此同时，他还和多名女性约会。

思前想后之下，她去找了丈夫的前妻，了解到当年他们离婚的原因正是他好赌成性，公婆为他还了好几次巨额赌债。

万般无奈之下，她去找了公婆，希望公婆能劝他迷途知返。

可没想到的是，公婆对儿子赌博和出轨的事情概不承认，还对她怀疑儿子、调查儿子的行为横加指责。

走投无路，她只好跟丈夫摊牌了。要么改正错误，要么离婚。见她拿出了这么多证据，丈夫给她写了一封保证书，并将自己常用的一张银行卡交给她，让她保管。她就暂时原谅了丈夫。

直到这一天，她想买个大件家具，就刷了丈夫给她的这张银行卡。刷卡消费后她顺手查看了这张卡的交易流水，其中一笔60万元的进出记录引起了她的注意。丈夫前两年明明没有上班，没有收入，这60万元从哪来的？又转给了谁？为什么会这么操作？她隐约觉得不妙。晚上让丈夫解释清楚时，没想到丈夫索性摊了牌，说这60万元就是赌债，就是他问自己的父母要来偿还赌博债务的钱。说完，对她爱理不理，从此搬回公婆那边住，再也不回来了。

离婚就这么提上了日程。

听完女方的陈述后，见她已经下定了决心，我为她办理了代理手续。在诉前调解阶段，男方坚决不同意离婚，声称如果女方执意离婚，就让女方净身出户。调解不成，于是诉讼离婚，准备开庭。

这一天，我再次整理她的证据材料，考虑到在房产出资问题上，俩人的首付款都来自父母双方，但男方父母和女方父母的出资比例悬殊，男方要让女方净身出户，恐怕也有男方父母的意愿。所以，正式庭审前，我决定去拜访一下男方父母，看看这件事是否还有协商的机会。

在乡下的一处旧宅，我见到了男方父母。

我感到十分意外的是，前后几次动辄拿出几十万元给儿子还赌债的"豪阔"老夫妻，竟然居住在乡下一处很破旧的老宅里。他们把一套动迁房卖了，给儿子付婚房的首付，把另外两套动迁房出租了，贴补儿子和儿媳的贷款，而他们自己却委屈地住在乡下一所旧宅，以最低的成本过日子。父母把一切都给了儿子，而他们那个喜欢豪赌的儿子，虽年近不惑却反复伸出手来让父母去给他填窟窿。看来这儿子不仅对自己的小家没有责任感，对他父母也没有责任感可言。

　　我看着眼神戒备的老夫妻，不忍戳他们的伤口，就绕开了离婚的话题，跟他们谈起了孙女。

　　我问："老人家，接下来，这个小孙女的抚养，你们是怎么打算的？你儿子这个样子，他能养好这个孩子吗？"

　　谈起孙女，老夫妻放下了戒备心，老父亲轻叹一声："哎，说实话我们不同意离婚，就是因为发愁孙女。儿子再婚后，这个儿媳妇挺好的，对我孙女也很好。我们老两口唯一的心愿，就是盼着他们一家四口其乐融融地过日子。我们老两口吃点儿苦没关系，凡是我们有的，都是他们的。"

　　"所以，你们就卖了一套动迁房，给他们买了婚房，是吗？"

　　这次是老母亲开了口："是啊，我们也知道儿媳妇跟我这个儿子有点儿受委屈，所以在买房时我们就多出些钱。我们也知道儿子赌钱不好，我们一开始也管的，可是管不了，越赌越大。人家闹到家里来，我们就这么一个儿子，总不能不管他吧？"

　　"他这些年，都是伸手向你们要钱吗？"

　　"是啊，我们是他爹妈，他不向我们要，向谁要呢？"

　　"他不是自己有工作吗？"

"他没赚到什么钱。他书没读好，工作也不好，有一搭没一搭地上班，后来班也不上了，赌输了就找我们要钱。"老母亲叹了口气。

"经过了前面离婚的事，就没想过帮他改正吗？毕竟，他还有女儿要养，你们也会老的。将心比心，如果是你家媳妇这么赌，你儿子提出来离婚，你们会同意吗？"

老两口沉默着不说话。

"身为父母，谁不爱自己的孩子呢？哪个父母不想一辈子为孩子考虑周全？可是，你儿子不工作，还赌钱，任谁跟他结婚怕是都会跟他离婚的，对吧？"

老两口还是不说话。

"还有要仔细考虑小孙女在这样的家里会长成一个什么样的人呢？"

这次，老父亲沉吟着开了口："律师，你说的都是实情，我们也知道。如果我儿子同意离婚，那我们也不拦着。就是房子，我们得说清楚。我们老两口出钱出得多，不能太吃亏。我们跟儿子提出来要让媳妇净身出户，是因为净身出户这话是儿媳妇的父母先提出来的，我们咽不下这口气，才提出来让儿媳妇净身出户的。"

一番聊天下来，找到了问题的症结点。

原来，这起离婚案件中，抚养权并无争议，各自的孩子各自领。唯一争议的就是这套房子，为了这套房子，女方父母曾闹到男方这边来，要让男方净身出户，这才导致老人之间发生口角，最终导致了分割困难。

后来，老人同意说服儿子离婚，也同意在房产分割上，给儿媳妇多分一点儿。再后来，夫妻双方在法院的主持下离了婚，就此别过了。

至于那个小孙女，听说由亲妈带回身边抚养。只是，这个男人后来有没有改掉赌博恶习，改邪归正，就无从得知了。

这样，这个再婚家庭的故事就结束了。

观察与沉思

这个案子，是我们对未成年人的家庭教育方式及其效果的一种远期观察。

本案中，我们虽然没有直接介绍正处在未成年阶段的孩子怎样遭受家庭的影响，但我们切换个视角就可以看到，这个家庭的两个主角——儿子和儿媳（女儿和女婿）在自己幼时所处的家庭环境中，受到了什么样的家庭教育。而他们所受的家庭教育又和他们后来的命运发展息息相关。

案件中的女方，有一个控制型的父亲。女儿的一切，从小到大，甚至婚恋都要接受父亲的安排。在女儿成年后，为了加强对女儿的控制，父亲甚至不惜以自身健康相逼，将女儿留在身边，更不惜卖掉房子，也要深度介入女儿的再婚生活中，这些都导致了女儿婚姻生活的不幸。

而案件中的男方，则有一对无原则无底线溺爱儿子的父母。儿子的一切，父母都认同和包办，不分对错。这导致儿子长成了三十几岁的巨婴——没有责任心，没有上进心，最终导致两段婚姻失败。

《中华人民共和国家庭教育促进法》开宗明义，家庭教育是为了培养德智体美劳全面发展的人，换句话说，就是要培养能够拥有基本道德操守、基本生存能力、生活能力、创造幸福能力的子女。为此，父母要尊重子女的人格，要严慈相济，要养成孩子吃苦耐劳的习惯。

其实，子女的成长之路，就是一条与父母渐行渐远渐独立之路。父母的过度控制和参与，满足的仅是自己潜藏内心的不安和私欲。而父母的过度纵容和溺爱，无法让子女真正在社会上立足，无法让其真正拥抱幸福的生活。

我们研究青少年的家庭教育，未必非要从当下的青少年入手。教育需要远景观察，才能评价效果。当下时刻的教育，因为还没能拉开足够的时间长度，因果关系还没有足够呈现。而不同年龄、不同代际的家庭教育其实具有很多共性，现象有共性，规律也有共性，可以选择在今天的成年人的案例中，去回望他们过去十年、二十年的成长过程，回望他们在青少年时代的家庭教育样态，再结合其成长过程，来分析家庭教育的成果。

我们借助陈年家庭教育的"旧物"史料，来琢磨具有普适性的青少年教育规律的"新思"，以古论今，鉴往知来，启发我们今日对家庭教育的思考。

16

见过人间百态，
释然父母有杂念

楔子

"你知道吗？我父母离婚了，只是他们离婚不离家而已。"

"我就觉得很悲哀，母亲给我的爱里是含着算计的，不纯净，也不高贵。"

假如，当父母得知自己的教育和爱被孩子定义为筛子，不知他们能不能接受。

不知己，不知彼，无反馈，不观察，教育会是一条一厢情愿的路。

小鹿是一名青少年法治公益项目的志愿者。我给公益项目的讲师们进行过专业培训，她是那批参与公益项目的志愿者之一。因为志愿者很多，当时我并不认识她。

我跟她熟悉起来，是因为她父母送她来我这里见习。

我这里有很多并不是学法律出身的本科生、硕士生，由于各种原因被亲友介绍过来见习（因为他们并非法本出身，不能算作专业实习）。

他们之中，有的是因为不喜欢原专业，而自己又刚好对法律有兴趣，想跨专业考研，所以先到律所来感受一下法律人的生活。有的是因刚回国，对国内的世间百态、国情民情不了解，所以想找个社会面广的窗口迅速了解人间百态，而律所就是一个可短期大量接触人间冷暖的窗口。还有更多的一类则是他们遇到一些成长挫折，自身跟家人之间的关系又很紧张，父母之言不能入耳入心，于是父母只好将他们送到我这里来，希望律师带着他们见识真正的社会、了解别人的家庭、看看千姿百态的生活，期望借此能让他们打开心结，跳出自我桎梏，实现成长。

抱着第三种目的来见习的，说到底，是为了育心。

小鹿就属于第三种情况。

小鹿是被她妈妈送来的，不过她妈妈没能上楼。我让助理到楼下把小鹿接了上来，没有让她妈妈进入律所。之所以这么做，是我想在她来律所的第一天，就让她与过往生活划清界限。她在律所，不是谁的女儿，就只是她自己。这一点，在后来，当她放下戒备，开始愿意跟我交流时，她说第一天我的做法令她感觉非常放松和愉快，也瞬间对新生活充满了期待，有了斗志。

她走进我的办公室，第一次跟我正式碰面时，显得局促不安，缺乏自信，眼神飘忽，不敢与我对视。那一瞬间，我感觉她就像是一只惊恐无状的小鹿，慌乱、迷茫，这也是我叫她小鹿的原因。

在办公室我只简单询问了她几个问题，从她寥寥数语的回答中，我感受到这个女孩异常脆弱和敏感，甚至还有一些为了掩饰脆弱和敏感的叛逆。我没有给她适应的时间，因为在十几分钟后，有一个预约好的案件接待，我带着她参与了这个案件的接待。

这是一个平台企业的著作权纠纷案。一家科技公司开发并运营了一个国内知名的运输平台，公司几个股东之间纠葛繁杂，围绕着一款APP软件著作权的开发和归属，以及运营及利益分配，已经打了好几场官司。这是一个系列案。

我让她坐下来旁听，就跟委托人开始了案件交流。

我跟委托人讨论了一个半小时的案情，她就在旁边听了一个半小时。

其实，这一个半小时听下来并不容易，因为此案前边已经有了几个案件做基础，所以，我跟委托人交流这个案件时，又交叉渗透着前边案件的案情。她必须全神贯注，才能保证思维不掉队。

接待结束后，我立刻对她有了改观，并毫不吝啬地称赞了她，表扬她思维没有掉队。因为即使是法学本科生初次接触这种复杂的知识产权类案件，旁听过程中也难免跟不上，会走神，会有受挫感，但是她没有。

随后，我给了她一张案件的关系草图，又递给了她一沓判决书，让她把这家公司的股东、关联公司、软件情况、各类案件信息梳理制作成一张提纲挈领的简图，同时要求她再制作出一个关联公司的大事记列表。其实就是希望她清晰梳理这家公司和软件的故事，把人物关系和事件脉络理清楚。虽然她不是学法律的，但她既然来见习，参与工作是必须的，哪怕只是力所能及地做个脉络整理。旁观只会让她惴惴不安，有所贡献才能定心立足。她意识到自己没有被差别对待，欣然领命。

为了让她感受律师工作的多样性，我还让她参加了一个离婚案件的接待。这个案件刚刚终结，委托人来律所是专程表示感谢的。她在参与接待中，了解了这家人的家长里短，悲欢离合，感受了这个家庭问题的症结以及离婚的缘起，也收到了委托人带来的一份小礼物。

这是她来律所的第一天。

回家后，深夜，她的父母给我发来了长长的微信，激动之情溢于言表。

这些年，她和父母的关系十分紧张，很久没跟父母有过交流，更不用说主动分享她的想法。而这次，仅仅来律所一日，她就忍不住眉飞色舞地跟家人讲述所见所感。她父母说，这是几年来少有的一次家庭聊天，而她是眉飞色舞的讲述者。

这一天的见习经历，仿佛给她注入了鲜活的血液，激活了她的信心。几天后，她交给了我一份令人满意的关系图和大事记列表，做得非常细致和漂亮。

她的父母说，原来每天什么都不做，只管睡得晨昏颠倒的女儿，这几个晚上天天都鼓捣到深夜，大概就是在完成这项工作。

委顿很久的孩子，能量被激活的过程竟然如此简单，这让父母感觉不可思议。

就这样，她渐渐在律所扎下根来。这只曾经惊恐失措的小鹿，眼神中有了自信的光芒。她对我的信任也越来越强，我们终于到了可以敞开心扉的时候。

这天下午有一个案件的庭审，她跟我来旁听。庭审结束，华灯初上，我带她来到附近一家餐馆，开始边吃边聊。

这一次，我没有给她回避的机会，单刀直入："听说你跟父母关系不是很好，是吗？"

她没有丝毫回避地回答："是的。"

"可以展开聊聊吗？"

她像是打开闸的洪水，倾泻而下。"李律师，你知道吗？我父母离婚了，只是他们离婚不离家而已。"

这令我非常意外，我示意她讲下去。

"在我很小的时候，我父母感情就不好。他们有过那些俗套的故事，但七弯八绕地纠缠，让他们在我中学毕业前没离成婚。我觉得妈妈是弱者，从小跟妈妈感情好些。父亲对我也算疼爱，但我总感觉他的那种疼爱，并不深厚。他对我的疼爱，大概只是因为我们之间有血缘关系，他不得不爱我而已。我从小就知道，父亲想要的是个儿子，而我是个女孩。父亲对我的爱，我总觉得浅浅的，可有可无，他对我也没什么要求。我如果是个男孩的话，我想他肯定不是这样的。"

"你是说，你父亲对你要求不高，反而会让你觉得爱得不够深，是吗？"

"是的。如果你深爱孩子，怎么会对孩子不提要求呢？"

"你是觉得自己明明可以做得更好，想让你父亲要求你，也是想让你父亲看见你，是吗？"

"是的，我想让父亲看到我，认可我。小时候，我为了得到父亲一句表扬，会十分努力地在他面前表现。"

"后来呢？"

"后来，我渐渐长大，觉得无论我怎么做，都无法被他看见。"

"你怎么会有这样的感觉？"

"很多细节。比如：我取得了好成绩，他虽然欣喜，却从不给我奖励；我受了挫折，他毫不在意，也不安慰；他从不带我出去旅游、逛街、吃饭、参加他的聚会；就连我的家长会、毕业典礼，他都从不参加。"

"那你跟妈妈的关系很好，是吧？"

"小时候是的，但在我上了中学之后，就没那么好了。"

"为什么呢？"

"因为后来我发现母亲对我的爱，动机并不单纯。我觉得有时候，她其实不是为了爱我，而是为了利用我去对抗父亲。她明知我对父亲有意见，还偏偏在一些问题上故意让我表态，利用我的立场去攻击父亲。甚至有时候，我只是情绪不好怼了父亲几句，但她会立即话里话外支持我。这就导致我仿佛总是跟她站在一起反对父亲。这些微妙的东西，小时候我看不懂，等我升入中学后，就看得很清楚了。我就觉得很悲哀，母亲给我的爱里是含着算计的，不纯净，也不高贵。"

"你跟他们的关系不好，还有别的原因吗？"

"还有很多我不能接受的地方。比如，父亲觉得我是个女孩，所以，在我重要的事情上，他都是直接替我做决策，根本不管我个人意愿。而我母亲，她自身并没有独立的见解，她唯一的立场就是跟父亲作对。凡是父亲赞成的，她就反对；凡是父亲反对的，她就支持。所以，她也根本不是为了尊重我，她只是借着我的名义不想赞同父亲而已。"

"会有这样的事？"

"比如我小升初的时候，父亲二话不说给我选了一所民办学校，可我其实想上家门口的公办学校，我的好朋友都在那里；高考报志愿的时候，父亲一定要让我报师范学校当老师，可我明明喜欢美术，我想学艺术；大四毕业的时候，父亲想让我考公务员，可我想进外企……既然所有的事情我都不能做主，我索性什么也不干了。在这些事情上，母亲就只有一个立场——反对父亲。其实，她并不知道我真正想要什么。我想要的不是跟父亲作对，而是让他们看见我、尊重我而已。可是他们的眼里、心里，只有他们想要的，没有我想要的。

"我对他们两个都有意见，他们谁的话我也不想听。大学毕业后，我就那么赖在家里，不出门，不谈恋爱，不讲话，也不找工作。我赌一口气，我看他们怎么办！"

"那么后来，你怎么会同意父母的意见，来律所见习呢？"

"因为之前我参加过青少年法治公益项目，大学同学带我一起去做过几次志愿者，当时是你给我们做的培训，我还参加过几次活动。在那种活动中我能感受到自己的价值，而且法治案例很有意思，我愿意多了解一些。所以，当他们那天问我想不想来律所见习的时候，我就同意了。"

我这才知道小鹿之前跟我是有过交集的，可能有了一些基础。

"你是什么时候知道他们离婚不离家的？"

"大二那年吧。那年是我最逆反的一年。因为那年我知道了他们在我高考不久就办了离婚手续。离婚的理由也很荒唐，说是他们为了不耽误我高考，忍到高考结束了，终于可以离了。我就觉得特别好笑，他们离就离吧，干吗以我的高考作借口？好像他们给了我多么无私的爱似的，我心里就很不舒服。

"从那以后，我的状态就很差，学业一塌糊涂。谈了个男朋友，后来也分手了。有段时间，我很消沉，还跑到校外租了房子，几乎不跟同学来往。那段时间，我觉得我快要抑郁了。

"也许是他们离婚后，发现我的状况很不好，他们承担不起因为他们离婚导致我抑郁的后果，所以才离婚不离家的吧？我也说不清楚。"

"那么，你现在怎么想的呢？对于工作、生活和父母关系，怎么考虑的呢？"我追问道。

"工作上吧，我决定找自己喜欢的事来做。我在律所见习，感觉法律方面的工作挺有意思的，但是对我来说不现实。因为我不是法本毕业，我现在考不了司法考试。我打算先去考个法学专业的研究生，回学校再读几年书。

"生活上呢，这几个月的见习，让我改变了很多。我看了很多案子，那些当事人的处境都比我难，自己这点儿小事也不算什么，我该翻篇了。

"至于跟父母的关系，见习这段时间，我能感到他们对我还是在意的，他们为我的进步而欢喜，为我的不舒服不安，所以我也就释然了。过去他们谨小慎微地跟我讲话，我心里也不舒服，我想，对他们的心结也过去了。

"至于父母的事，我想找个机会跟他们说说，没必要为了我离婚不离家。他们前半辈子就那么无趣地走过来了，后半辈子我们仨就都自由生活，这样不是更好？

"我想父母和我，都应该放手了。"

"人生有很多偶然性，看来你在律所的这段偶然经历，给你带来了一些变化。"我说道。

"是的，这段见习让我有了一些体会：一段旧生活，如果你不让它翻篇，怎么开始新生活呢？就像是我来见习的第一天，如果你没有阻止我妈妈进入律所，那我怎么能跟过去的生活划一个界限呢？人生有时候就是要勇于坚持，但有时候，我们也要善于回望和转弯。给过去划个边界，向前走，就可以了。"

小鹿一股脑说了这么多。经过这段时间的社会经验积累，孩子明显成熟了。父母为她所做的考虑，她终于看见了。她对父母的心结，也终于解开了。

感悟虽然来得晚些，但终于来了。

观察与沉思

本案呈现了一名见习生的心路历程。这段历程她走得很快，短短几个月，就完成了蜕变，与过去的生活进行了切割。

小鹿的经历也表明，很多父母以为的大问题，比如学业、就业，孩子们反而没有把它们当成难题。他们如果想解决，就会努力并有能力去完成。相反，他们的心结，才是他们的人生大事。

心坎最难过！无论是孩子，还是家长，都是如此。

所以，小鹿的这段见习，纯粹就是为了育心。

但这种育心，并不是用传统意义上的家庭教育来完成的。父母的教育已经失效了，孩子拒不沟通，她的不作为都是在表达对父母教育的抗拒。

这种抗拒，还是基于他们不可言说的家庭关系。

在这个家庭里，父女关系、母女关系、夫妻关系，小鹿都不认可，她还怎么可能认可父母所谓的"都是为你好"的家庭教育？

以小鹿的视角来看，父母的家庭教育仿佛是一个千疮百孔的"筛子"。但很多父母只愿站在自己的位置上，高高在上，从来也没有意识，更没有机会观察孩子的内心。假如父母得知自己的教育和爱被孩子定义为筛子，不知能不能接受？不知己，不知彼，无反馈，不观察，教育会是一条一厢情愿的路。

小鹿的案例，给了我们一种"新思"。

其一，要从孩子的角度看父母，看家庭，才能看到家庭教育落地后的样子。

其二，要从孩子的内心去着力。育心，重在找症结，听到孩子内心的声音，才能看到问题。看见孩子成长，才能看清家庭教育的局限。

其三，解决问题的方法在局外，不在局内。不要用自己的规则去规范孩子，思维定势就是思维偏差。要让孩子用自己的眼睛、自己的手、自己的感官、自己的努力去挑战新事物，让孩子跳出旧环境、旧氛围，用全新的体验，跟父母做短暂的切割和告别，让孩子跳出迷局，观天知地，实现跨越。

其四，做父母的要常对自己的言行进行反思，看到自身的问题，或许这才是解决孩子问题的关键。

失去

与

CHAPTER 5

回归

· 永恒的婆媳之辩,谁教坏了孩子
· 大女主和她的内心小孩
· 父母养出了嗜考症患者
· 看不见孩子,等不来花开

最后一部分，讲讲家庭教育的失去与回归。

家庭、教育、学习、运动、社交、发展、需要、监护人、孩子……与家庭教育相关的要素有很多，但每个要素可能都有它本来应然的样子。

一个教育现象是，当我们越接近教育起始点的时候，我们对教育要素的认识越符合它本来应有的样子。比如，当孩子呱呱坠地，在我们养育孩子的初期，我们最美好的期待就是怎么把孩子身心健康地养大成人。这是我们最初的选择，其实也代表着教育最本真的目的。那时候，我们不会考虑将来要不要让他过度竞争，要不要让他出国等。这些是随着环境的发展变化，衍生出来的第二位的需要。

家庭教育作为一个漫长的过程，需要我们走很远的路。走着走着，我们可能就忘了初衷，随着添加进来的各种需求，我们可能就渐渐迷失在旅途中，偏离了最基本的轨道。

当我们对事物的认识偏离事物的本质太远的时候，就需要静下来，仔细回看一下来路，琢磨一下本来应该是个什么样子的，我们又应该如何回归本然。

我们不妨来看一下这几个家庭教育要素。

其一，家庭。家庭是什么？很多案件中，我们都看到了亲历者的困惑与茫然。家庭到底是什么呢？家庭组建源于男女之爱，但男女一旦走入婚姻，升级为父母，这个家，就不再只是父母之家，更是孩子之家，是养育子女的城堡。父母为了实施家庭教育，必须把这个城堡打造成温暖的场所。如果父母仍然以为这个家就是自己的私有物，那就难免会固执己见，这样，何谈对孩子进行科学的家庭教育？

其二，教育。教育是什么？教育就是你教我学吗？显然不是。教育本身是一个互动行为，它是个双向影响的过程。而且，教育是一个细水长流的培育和引导历程。作为教育者，我们要服从教育的慢属性，不能拔苗助长，欲速则不达。

其三，学习。学习是什么？学习就是为了取得成绩吗？学习等于成绩吗？只要拿了高分，获得嘉奖，就是在进行有意义的学习吗？学习，到底是为了成人，还是为了成绩？我们在家庭教育中，是应敦促孩子认真学习，但是，学习是为了健康地成长和发展，是为了将幼小的秧苗培育成大树，让它将来能够栉沐风雨，而不是为了将幼小的秧苗区分成高分的秧苗和低分的秧苗，我们这样的区分，和孩子将来成为独特的、成熟的、丰富的人有必然的因果关系吗？在迷途不知返的学习中，能实现学习的本来意义吗？

其四，需要。需要是什么？需要是教育产生的基础和教育要满足的目标。教育，是一定要满足某种需要的。那么，教育首先满足的应该是家长的需要吗？当然不是。教育首先应该满足的是孩子成长的需要。但是，孩子真正需要什么呢？当我们在家庭内部发生教育分歧，当我们大人之间发生代际教育的冲突，有没有人客观分析过今天的时代特点对孩子有什么要求？有没有人分析过孩子要成长和发展，家庭可以为他们做些什么？

其五，监护人，孩子。何为监护人？何为孩子？他们只是一对互相呼应的称呼吗？他们之间是单向的吗？监督、教育和保护，只能是监护人对孩子实施的行为，不能是孩子反过来监督、教育和保护家长吗？教育之间有没有作用力和反作用力？教育只是单向输出而不能双向奔赴吗？

......

家庭教育走得有多远，我们的思考就要有多深。

17

永恒的婆媳之辩，
谁教坏了孩子

楔子

夫妻需要专心上班，老人带孩子，隔代养育真的两全其美？

父母不能完全退出孩子的教育，这是父母的法定义务，也是教育具有强烈的时代特性的要求。代际之间的家庭教育不能出现巨大的分歧和断层，这是孩子养成的规律。

这天，我在法院的律师窗口值班，为那些准备打官司的当事人提供法律咨询和诉讼资料辅导。这时，一对夫妇来到了窗口，女人的眼圈红红的，明显刚刚哭过，男人的脸色也不好看，夫妻一起坐在了咨询窗口前。

女人先开了口："律师，我要起诉离婚。"

一般一方起诉另一方离婚，是不会两个人一起到法院窗口的。夫妻要是能够协商一致的话，就不会来法院，而是去民政局协议离婚了。来法院的，都是协商不成的，所以大多是一个人来。而这对夫妻竟然一起来到法院的窗口，确实少见。我问他们："你们一起来的话，是已经商量一致怎么离了吗？"

　　男人抢先开了口："律师，不是的，我不同意离婚，是她一定要离。我跟她说，我们这种情况是离不了的，可她不信，我就说要么我们去法院问问看，是不是不能离。就这样，我们就来咨询了。"

　　原来，两人是大学同学，毕业后一起来了上海，两人兢兢业业，攒了几年钱，贷款买了套房，把家安了下来。二人白手起家，夫妻同心，日子过得蒸蒸日上。只是，一年后，儿子的出生，打破了两人的生活节奏，也让他们感受到了前所未有的经济压力和理念冲突，他们的婚姻也步入危机。

　　孩子出生后，女人初为人母，对孩子百般上心，全部时间和精力都扑在孩子身上。产假期满后，女人找了个保姆带孩子，就回了公司上班。可孩子经常生病，女人经常请假，老板就很不满意。男人是企业骨干，每天早出晚归，很难顾家。女人就索性提出来要做全职妈妈。因经济不够宽裕，男人不敢应承女人的想法，思前想后，就把自己的妈妈接到身边来照看孙子，男人觉得这是最好的安排。可没想到，一家四口挤在一个小房子里，磕碰摩擦天天都有，婆媳关系日渐紧张，家无宁日。一次激烈的婆媳争吵后，男人就让老母亲把儿子带回老家去抚养，女人一开始不同意，但拗不过婆婆和老公，就让婆婆把孩子带回了老家。

　　祖母在老家带孩子，婆媳分开，夫妻又能专心工作，这看似完美的解决方案，却为家庭矛盾和夫妻危机埋下了伏笔。

　　原来，在婆婆走之前，一家人说好的，孙子只在老家养三年，到了入园的年龄，就把孩子接回城里来读幼儿园。可到了该入园的时候，奶奶坚决不同意让孙子离开老家。男人无奈，只好又做媳妇的思想工作，可等到孩子要读小学的时候，夫妻两个又回老家好几次，孩子还是接不回来。最后一直拖到孩子小学毕业这年，他们夫妻俩跟老人发生了一次较大的冲突，这才有了改变。

　　这日，夫妻二人又回老家探望老人和儿子。刚进家门没几分钟，就有两家邻居先后找上门来怒气冲冲地要他们夫妻赔礼道歉，还要求赔偿。跟邻居一接触才知道，自家孩子纠集了一帮小朋友把两家邻居的孩子给打了。对方上门理论，奶奶一概不理，邻居无奈，只好悻悻回家。邻居一直在等他们夫妻二人回来处理此事。男人一看，这样下去，实在不是办法，所以等孩子小学一毕业，立刻把孩子强行带回了上海。奶奶为此跟小夫妻翻了脸，很长时间不再往来。

　　这对父母把孩子从老家接回来后，给他找了一所好学校，选了一个好的班级，送去读书。可让他们失望的是，孩子学习成绩太差，学习习惯也不好，孩子的爸爸没办法，又给他请了家教，但补起来很吃力，孩子慢慢就有了畏难情绪，状态一天比一天差，爸爸也经常会训斥孩子。

　　这个周末，爸爸辅导孩子写数学作业。他反复给儿子讲解题思路，可儿子心不在焉，爸爸一通怒斥后，孩子居然离家出走了。临走前留了个小纸条，说再也不回来了。这下夫妻俩吓坏了，四处寻找。可几个小时过去了，还是找不着，无奈报了警。孩子的爸爸担心孩子回了老家，就拨通了奶奶的电话。奶奶一听孙子离家出走了，又急又怒，挂了电话，抬脚坐车就赶了过来。

傍晚时分，警方终于在一所偏僻公园的长椅上找到了孩子。

孩子是找回来了，但家庭战争也爆发了。

原来，奶奶赶到儿子家楼下时，刚好碰上警察将孩子送回家。奶奶上去就把孙子搂在怀里老泪纵横，拉着孩子就要回老家。夫妻俩阻拦无效。为了不跟老人起冲突，无奈，只好让奶奶把孩子又带回了老家。

这次孩子被奶奶带回老家后，婆媳关系彻底降到了冰点。夫妻之间的关系也受到影响。

婆媳之间又展开了第二场孩子争夺战，夫妻之间也开始硝烟弥漫。

我问女人："你就是因为婆婆把孩子又带回去了，所以要跟你丈夫离婚，是吗？"

女人摇了摇头，说："不是的，是因为她奶奶又把孩子给弄丢了。"

"什么叫又把孩子弄丢了？"我非常惊讶。

"是因为我儿子又离家出走了，这次出走还惹出了大事。"男人垂头丧气地说。

原来，三个大人忙着家庭大战，却忽视了孩子的感受。孩子回到老家后，与跟父母一起的生活一对照，发现老家环境太差，就很失落。但他想想在父母身边的日子，爸爸老批评自己，在学校又跟不上，生活很没劲。自己仿佛无处可去。

百无聊赖之下，他出走投奔了一个网友。可到了陌生的城市，他把从奶奶那儿偷偷带出来的钱也花光了，也没找到人。身无分文，走投无路之下，他开始了盗窃。

案发后，父母接到当地公安机关通知，赶了过去。

因孩子未满十六周岁，未构成盗窃罪。但按照《中华人民共和国预防未成年人犯罪法》以及相关规定，公安机关对孩子这种严重不良行为，予以了训诫，并责令父母进行了退赔。因孩子不服父母和奶奶的教育，公安机关又为他们联系了社会工作服务机构，由专业的社工协助他们对孩子实施教育、监督和约束，同时要求父母接受家庭教育指导。

孩子以一种意想不到的方式，将这个家庭的教育问题暴露了出来。

两代人夺娃大战的结果是，孩子既不愿意跟父母一起共同生活，又不想再回到奶奶身边，对谁的抚养和教育孩子都不认可。

女人显然没有意识到孩子的教育问题到底出在哪里，还在愤懑不平："当初孩子在上海出走的时候，婆婆把一切责任都归结到我头上，说是我造成的。现在孩子被她带回老家后，又出走了，这不正说明根本就是她的错吗？是她把孩子养成这样的。前几天，她还起诉了我和她儿子，让我们赔她十年的'带孙费'。哪有这样的道理？不如离婚吧。"

话说到这里，这对夫妻要离婚的来龙去脉才完整地呈现出来。

一家人围绕着孩子谁来带，怎么带的问题，产生各种纠纷。孩子的两次离家出走和行差踏错，成了婆媳矛盾激化、母子矛盾激化和夫妻矛盾激化的导火索。

我看了一眼满脸气愤的女人，又看了一眼一脸尴尬的男人，给他们做了分析。第一，这个婚，目前不应离。虽然家庭矛盾重重，但都是围绕孩子而起的，夫妻感情并没有彻底破裂，不符合离婚的法定条件。第二，目前也不是考虑离婚的时候，孩子现在需要的是家庭整体的关怀和支持，家庭力量需要合而为一，而不是继续激化矛盾。既然爸爸妈妈和奶奶内心都是为了孩子好，那就以孩子的利益为先，为孩子改变家庭教育的关系和环境，学习家庭教育的方法。

我问他们："如果老人不起诉你们'带孙费'了，你们是不是还要离婚？"

女人沉默不语，男人则马上回答："不离。我本来就不同意离婚的。"听完这句话，女人没有反驳。

咨询到最后，我建议他们第二天带着老人家一起过来，我们义务做个调解。他们同意了。

第二天，我跟家庭教育指导师一起接待了他们。一家三口本来都对孩子有爱，为什么会这么水火不容呢？家庭教育指导师也为他们做了分析和指导，老人释放了内心的怨气，答应了撤诉。关于孩子的教育问题，他们也加强了跟家庭教育指导师的联系，后来夫妻俩再也没有说过离婚的事。再后来，听说孩子的教育情况渐有改观，父母调整了预期，奶奶也减少了干预，孩子渐渐有了适合的生活和学习节奏。

观察与沉思

这个案子是一起因隔代抚养、婆媳冲突、夫妻教育理念不合诱发的家庭教育案件。

现代社会，年轻夫妻的工作和生活压力巨大，很多家庭迫不得已把孩子交给老人隔代抚养。在隔代抚养情况下，家庭成员需要特别关注两点：

一是父母不能完全退出孩子的教育；

二是代际之间的家庭教育观念不能出现巨大的分歧和断层。

首先，父母不能退出孩子的教育，这是父母的法定义务，也是教育具有强烈的时代特性的要求。处于不同时代的孩子，有不同的时代环境。在长辈中，只有父母是最接近和最了解孩子所处时代需求的人，当然也是最了解自己孩子特性的人。因此，父母显然是教育的最佳人选。当然祖父母的教育也可以是与时俱进的教育，但需具体情况具体分析。

其次，代际之间的家庭教育观念不能出现巨大的分歧和断层，这是孩子养成的科学规律。教育应当立足于孩子的成长规律。他们需要的是科学的、统一的、和谐的家庭教育，而不是以长辈之名命名的"爸爸的教育""妈妈的教育"或"奶奶的教育"。

本案中，孩子在升入初中之前，长期跟奶奶生活在一起，奶奶是那个阶段家庭教育的主要实施者。但是，奶奶只能给予孩子物质生活上的关照，无力给孩子精神上的引领和支持。父母完全缺席了青春期之前孩子的家庭教育，从而为孩子后来发生诸多问题埋下了伏笔。

孩子被父母接回身边抚养后，父亲则急于行使自己的教育权利。但是，此时的父母缺乏跟孩子共同生活的基础，既不了解孩子的秉性，又不熟悉孩子的基本情况，急于求成，造成了父子之间的冲突。

而且，本案中，孩子接受的家庭教育，在代际之间始终是矛盾的、冲突的、断裂的。代际关系的撕扯，让孩子的教育始终处于对抗动荡之中。孩子内心诸多的迷茫和困惑，未能找到出口和答案，他的能力也没能因环境的改变得到提升。在代际热战之时，谁也没有关注到他们争夺的对象——孩子的实际所需。家庭教育，脱离了孩子的实际需要、成长特点，很难取得良好的效果。

这个案例让我们观察到了家庭教育的"失去"与"回归"。只有让家庭教育回归孩子的实际需要，回归时代的教育要求，回归家庭的本来意义，才能使孩子的成长成为有源之水、有本之木，有导航，有动力，有方向。

18

大女主
和她的内心小孩

楔子

"我知晓了自己内心深处的那处空洞和纠结，也许都是源于少时，我父母那么多年的情绪风暴，让我关闭了情感大门。我在跟人的接触时存在内心障碍。我不敢对人坦诚相待，如果是长辈，就更不行，我不会向他们求助。"

对孩子而言，家庭是他们的天地，是父母搭建的城堡。

孩子一生的根基在这里被塑造，也很容易在这里被破坏。

这是一个因童年缺失心理关怀而影响其成长的真实案例。

故事主角是一位40多岁的成功女性——春禾（化名）。她是做民办教育服务的，事业有成，家庭幸福。她爱孩子，爱教育，做过很多教育公益。因为工作上有很多交集，我们有了深度对话。

"李律师，你今年有没有时间？我们想做个家庭教育读本，想请您执笔法治教育章节，不知道您有没有兴趣？"我接到了她的电话。

"当然有兴趣！"我欣然应允。

就这样，我们又有了多次密切接触。

这一天下午，我们边喝茶，边聊天，不知不觉就聊到了彼此的成长经历。她自身的成长故事，就是一个家庭教育的典型案例。听完她的故事，我理解了她想做这个读本的动力。

她是新时代独立女性典范，拿的是大女主的剧本。

她说自上大学起，她就完全独立了，没再用过父母的钱。她在大学里，一边读书，一边兼职，还一边做学生会工作，忙得不亦乐乎。关于这点，我听过她的各种故事，她很多同学都跟我讲过，在大学里她是学生会主席，是演讲比赛冠军，是篮球队员，是各种奖学金的获得者，是叱咤风云的人物。

可是，话题一转，她说同学们其实都看错了，其实她内心非常敏感、脆弱、不堪一击。她给我的感觉是内外太不一致了，明明是个大女主，怎会是脆弱敏感的小女生？

她说这还是人生第一次愿意跟朋友剖析自己的心理世界。

"李律师，我跟你说，我们家的情况对我早年性格的形成有着根深蒂固的影响，也影响了我这么多年生活和事业的发展。我们家的情况，塑造了我性格中的独立，也造成了我的心理缺失和内心的极度脆弱。

"我父母有四个孩子，我有一个哥哥，两个弟弟，我是家里唯一的女孩。小时候，奶奶也跟我们住在一起。在我的印象中，我们家从无宁日。父母没有一天不争吵。在他们的脸上，我从未有一日看到过晴空万里。这就是我小时候的家庭环境。我父母并没有离婚，他们那个年代不允许轻谈离婚。可是，不离，我们家过得也像战场一样。"她叹了口气。

"我长大以后，细细思索过很多遍，我们家的家庭结构有着先天的问题。我奶奶在爷爷去世后守寡多年，她一个人拉扯我父亲和几个孩子长大。我父亲作为长子，跟奶奶一起维持着那个家。奶奶和父亲的情感要比一般母子深很多，我父亲不容任何人谈论奶奶的是非。

"多年后，我曾听母亲讲起，她和我父亲结婚最初那几年，也曾恩爱过。后来父亲总站在奶奶那边，她倍感委屈。她因此总是指责父亲，夫妻关系越变越差，后来每天都争吵。

"我长大后，也冷静回首过我们家的情况。我觉得我母亲是深爱我父亲的。父亲年轻时能力很强，我们家是改革开放后最早富起来的一批。在我母亲心里，我父亲是个了不起的男人。可即使如此，他们仍是水火不容。

"父亲有位不容任何人质疑的母亲，我母亲有着针尖对麦芒的性格。两个人都不懂回旋。所以，家庭这艘船就一直被他们驾驭在暴风雨的旋涡里。我们几个孩子，无一日不担惊受怕。

"他们全身心地投入生活的战争中，仿佛从来没有想过，这个家，虽然是他们夫妻的家，却也是我们四个儿女的四角天空。我觉得，他们从来没有任何一刻想到过，在他们主导的生活里，除了他们自身的委屈之外，孩子们是否也因为他们的情绪遭受着无妄之灾。

"他们这些情绪，让我们几个孩子遭受了什么呢？我那时候并不清楚，我是很多年之后才想明白的。最初，我只记得，我从小不恋家，从幼儿园到小学、中学，我永远都是第一个到校上学，最后一个放学离开。我记得很清楚，高中有一天放学后，我和同学一起在露天球台上打乒乓球，突然下起了雨。那位同学不想回家，我也不想回家，我们就坚持在雨中打球。后来被班主任看到，将我们赶出了学校。高考填志愿时，父亲希望我离家近一点，我填的却都是远方的大学，我终于有机会离开了那个家！到了大学之后，我才有了安定的空间，才有了心理上的余量，才有机会回头看看这段家庭经历带给了我什么。"在春禾的印象里，她的自由、安稳、自省都是从大学之后才开始的。

"我在大学里的表现，你通过我的同学也知道了很多。大学是一片沃土，它给了我自由发挥的空间，我算是全面发展的学生，各方面都名列前茅。很多人认为我是受上天眷顾的孩子，其实，他们不知道，我有时候感觉特别特别难。那种难，不是其他同学说的考试难、比赛难，不是这种个人努力的难，而是指我在社交关系上遇到的困难。

"对我而言，如果一件事是依靠我自己单枪匹马就可以完成的，那就很简单。一场比赛，即使有千人在座，我也不畏惧。但是，如果有一件事，不是依靠我的个人能力就能完成的，而是要让我去组织，去寻求别人的帮助，需要展开社交，我就完成不了。我感觉太难了。

"在社交关系上，我有无法逾越的心理障碍，我根本无法向人开口求助，无法向人寻求合作。我从小对父母都没有求助过，更何况是求助他人。"她安安静静地讲着。

"我印象特别深刻，有一次，我们组织演讲比赛，我需要去邀请一位学院院长做点评嘉宾。这位院长我也特别熟悉，他本身就是我们的任课老师。我的课业成绩特别好，我没有理由不敢去请他。老师为人很好，他如果接到邀请，想必不会拒绝。但是，就在这时，我发现自己完不成这么简单的邀请工作。"春禾凝视着手中的水杯，仿佛从水杯中能透视出那天的情景。

"那天下午，我站在院长办公室的门口，抬起手来，准备敲门。我是亲眼看到他走进办公室的，我明知他在里面，可是，无论如何，我就是无法抬手敲响那扇门。我脑子里闪过很多画面，比如：等我敲开门后，老师会跟我聊上几句什么样的话？他办公室里有没有别的老师？如果他们看到我进来，会跟我说些什么？我该怎么应对？我脑子里一团乱麻。我局促不安地在门口转来转去，但无论如何，就是无法去敲门。站在门口的我，局促又茫然。

"可我不能长时间站在办公室门前，因为楼道里同学们进进出出，长时间站着不动，会被别的同学看出异样。我非常无奈。后来，为了缓解自己的紧张，我抬脚踏上了院长办公室对面通往三楼的楼梯。院长办公室在二楼，从这侧楼梯走上三楼，可以从另一侧的楼梯再走下二楼来，这样走一个循环，就可以再次回到院长办公室门前。我假装刚刚走到这里，准备再次敲门，可是还是做不到。就这样，那天下午，我反反复复，上楼下楼，每次走到办公室门口的时候，都犹豫着要不要上去敲响，但每次都做不到。就这么折腾了很久。

"最后，我还是放弃了，我让其他同学去请老师。我看到那个同学二话不说走到办公室门口，敲门进去了，两分钟后就出来了，跟我说院长答应了。他行云流水两分钟不到，就把我耗费了一个下午做不了的事给完成了。那时候，我真是对他心存羡慕。

"那一刻，我知晓了自己内心深处的那处空洞和纠结。我在跟人的接触时存在内心障碍。我不敢向人坦诚相待，如果是长辈，就更不行，我不会向他们求助。"

她把这个细节讲完，我很震惊。很明显，她对自己的认识是准确的。她身上那种超强的独立性，恐怕也是对自己的一种保护。她可以在不相干的人群中感受到自由，但反而对身边"亲近"的人心存戒备。即使在今天，她身上其实隐约还有一丝冷峻拒人的影子。

"我从那以后，很受挫折。上大学时因为不想用父母的钱，就自己赚取学费，我开始在校外做一些兼职。因为一个偶然的机会，我认识了比我大六岁的初恋男友，也许是因为他对我的关照，我跟他恋爱了，并且分分合合好多年。对于那段情感，我其实一直都知道，他不是最对的人。可是，在那样的时光里，我很难摆脱情感上的依恋。情感上的空洞，需要被心理力量填补，只有填补到了一定时候，我攒够了能量，才能翻开新的生活。"

"后来，我本科毕业，硕士毕业，参加工作。再后来，我就遇到了我先生。他是特别阳光温暖的人，我瞬间就被他吸引了。我顶住家里的不满，执意跟他结了婚。后来，我们有了自己的孩子。也许是因为为母则刚，有了孩子之后，我的个性发生了巨大的变化，我在人际交往上突然就有了突破。很多不知道我过往性格的人，一直以为我是天性豪爽洒脱的人。其实，我也不知道为什么，自从有了孩子以后，突然就凤凰涅槃了，社会交往能力一下子得到了提升，心态也一下子放开了。

"后来，我自然而然地开辟起了教育服务事业。在育人育己的领域里工作，我越做越喜欢。我不是纯粹为了赚钱，我对教育没有什么功利追求，就是希望把自己的事业做好，造福自己的家庭，也造福一方学生。

"我把自己的家庭也经营得很好。我从不与我的先生争吵，也从不训斥我的孩子。凡是我在父母家庭中体会到的那种不安和阴霾，我一次都没有让它在我主导的小家庭中出现过。这是我对自己生活的硬性要求。"

她陈述的节奏开始变得明快，看得出来，她确实在自己的家庭和事业中得到了升华和救赎。

"可是，每一年，总会有那么一两天令人不快。总会有那么一两次，我会接到我父母的电话。他们会指责我为什么不常回家？为什么不常给他们打电话？每次接到这样的电话，我都很不愉快。有时候，他们打电话过来，我就那么注视着手机，迟迟按不下接通键，就等着它自然挂断。有时候，我终于说服自己接通了电话，却是寥寥数语就迫切想挂掉。我回避跟父母的家庭产生深度的链接，我希望我自己的生活，离他们越远越好。

"其实，我不是不想孝顺他们，我宁肯给他们经济上的补偿，我只是不想再回到那个家里去。这个心理情况，我过去很不理解，有时也自我谴责。但后来，我渐渐懂了，我在家庭亲密关系中是有障碍的，我从小就没有跟他们建立起亲密关系。所以，现在父母说他们老了，让我多打电话，多回家，我根本就无法做到。在我心里，跟他们亲密就代表着伤害的再现，代表着无助、心烦、挣扎。

"我在大学里无法敲开老师的门，其实跟我无法接父母的电话是一回事，它们都源于我无法面对亲密关系。在我心里，到办公室去向老师求助，等于让我把讲台上那种疏远客气的教学关系，突然就变成了私下亲密的师生关系，这种亲密，我无法面对。

"现在，我不愿意回家，不愿意接电话，也许都是源于少时我父母那么多年的情绪风暴，让我关闭了情感大门。"

春禾仿佛一下子打开了闸门，这么多年的心事，倾泻而出。

我能看出她倾诉后的轻松，也能看出她依然在怎样跟父母相处的问题上纠结。即使今日很多人说她豪爽洒脱、性格舒阔，但我依然能从她的行为处事中看到她的孤独和自我。她依然还在很多时刻保持着不与人深交的特性。此刻，她之所以能对我敞开心扉，一是我们有共同的三观和事业，共同对教育的热爱；二是，我们已经相交多年，她信赖我；三是，我们这次家庭教育读本的写作，让每个人都或多或少地回想起自己的成长经历，这成了她打开心门的契机。

她说完了，我们继续喝茶，聊天。我问她，是否可以把她的故事加以整理，在以后的工作中使用？她笑了笑说，只要是匿名就可以。

她还是那么充满爱，对人充满善意。她愿意将她在家庭教育问题上体会到的困扰分享出来，哪怕被一两个相似的家庭、相似的父母看到，对他们有所启迪，也是好的。

这个案例几乎就是对她家庭经历的一个整理。但是，我觉得已经足够丰富，足够生动。

观察与沉思

通过这个案例，我们想再次关注家庭的"失去"与"回归"问题。

说起家庭教育，首要的环境要素就是家庭。

对孩子而言，家庭是她的天，是她的地，是她生活的城堡。

而这个城堡，搭建者是父母，破坏者也是父母。

身为家长，我们也许都有各自的不易，甚至还有各自的不幸。但我们既然成家，一手创造出自己的家庭，在我们亲手搭建的这个名叫"家"的城堡里，我们就有义务关照好这里的每一个"居民"，营造好这里的供暖系统、供水系统、防护系统、循环系统。

居住在其中的不只我们，还有孩子。

孩子一生的根基都在这里被我们塑造，也被我们破坏。

身为父母，我们需要看到自己，也要看到他们，更要看到家庭应该有的样貌。

可是，春禾的父母显然没有意识到这一点。她的父母建造了家的城堡，却也忘记了这同样是孩子们的家园。他们使用着大人才有的魔法，随着自己的喜恶，让城堡上空日日乌云密布，电闪雷鸣。孩子们成了惊弓之鸟，瑟缩在不起眼的角落，不希望自己被人关注，或被人亲近。这时候，亲近也变成了一种危险，并不代表温暖和平安。

幸好，春禾在自己成年后，看到了自己心里的伤疤，也看到了幼时家庭环境和心理创伤的关联。她让自己的家，回归了"家"应有的样子。她痛定思痛，为自己，也为孩子，改造自己的性格，改造生活样态，把自己的小家建造成了温暖的城堡。她让自己的孩子拨云见日，晴空万里。

家庭教育是个无处不在的东西，讲再多的家庭教育理论，也不如让家更像家。给孩子一个温馨、幸福、充满爱和欢乐的家，这是家庭教育回归本源的第一步。唯有如此，才能完成对孩子心灵的养育，帮助他们形成温暖稳定的精神内核，用来对抗之后人生中的风雨。

19

父母
养出了嗜考症患者

楔子

"孩子是什么？学习的价值是什么？"

父母把学习的价值等同于取得成绩——包括但不限于分数、证书、奖状、孩子被老师表扬……而孩子也继承了父母的价值观，将取得好成绩等同于自我认同，等同于父母关系的改善，等同于可以换来"奖赏"。

但是，成绩，果真就等于学习本身吗？

某天应某所顾问学校的邀请，我来给家长们做一场家庭教育实案讲座。

为了能迅速收拢家长们的心，讲座一开头，我就在屏幕上投射了一行大大的字："孩子是什么？"

问题一出，喧闹的会场瞬间安静了很多。

那简短的几个字，没有任何修饰地投射在屏幕上，仿佛有一种穿透心灵的力量。

我目光扫过会场，发现大多数家长都在凝心静听，期待下边的答案。但同时，我也敏锐地捕捉到，有两位家长脸上一闪而过的戏谑，那种表情仿佛在说："这问题有什么好问的？孩子是什么？孩子当然是人啊！这么荒唐幼稚的问题，还用我们家长回答吗？"

看到这种玩味的表情，我紧接着提出了第二个问题："那么，各位家长，我们是否总在有意无意地未把孩子当'人'看呢？"

全场顿时针落可闻，鸦雀无声。

这次讲座，我之所以开篇问出这样两个问题，是因为当天介绍的案例跟这两个问题相关。我们家长口口声声在说，我尊重孩子，我爱孩子，我心疼孩子，我为孩子筹谋好了一切，但很多时候，我们恰恰忘了，一个作为完整的"人"的孩子，他真正需要的是什么？我们家长究竟怎么做，才能让他成为一个完整的、身心健康的人？

当天案例是一位得了"嗜考症"的高中女生的案例。

晓静（化名）是一个聪慧、优秀、全能、常受表扬、令人羡慕的好学生。要不是那天她腕部自残的痕迹被同学发现，谁也不会觉察像她那样品学兼优的学生，也会产生严重的心理问题，而且还是一种奇怪的上瘾症——嗜考症。

说起上瘾，家长们大都熟悉的是"网瘾""手机瘾""游戏瘾"，这些"瘾"一听，就容易让人沉迷。因为人的天性是趋乐避苦的，我们对这些令人快乐、让人忘忧的事物，往往容易沉醉其中。换句话说，我们容易沉醉于一种让人"快乐"的"瘾"，这算是常态。

考试这种让人"痛苦"、退避三舍的东西，总归是越少越好。而"嗜考症"——考试上瘾症，就与人们沉醉于"快乐"的"瘾"相反，是一种沉醉于"痛苦"事物的"瘾"，是违反常态的上瘾现象。这种上瘾症，更加危险。

晓静自残的情况被学校发现后，学校马上成立了突发事件应对小组，班主任、心理老师、分管领导，还有教育律师都在小组内，以便解决问题的同时，给予孩子和家长更多的支持。小组成员兵分两路，分别和晓静及家长进行了沟通。沟通的目的，一方面是了解事件的直接诱因，另一方面是深入了解孩子的家庭环境、成长经历、成长心态，以便家校携手做好保护。

"老师，我很抱歉，给学校和您添麻烦了。"晓静一开头，先跟自己的班主任道了歉。看得出来，她跟班主任的日常关系是不错的，她信任班主任。这也显示出晓静自身有很好的素养。

"没关系的。你最近是遇到什么难处了吗？怎么突然会有这样的做法呢？老师看到你这样，很心疼。"班主任回应道。

"也不是突然，我自己琢磨一个多月了。"

"为什么呢？能说说吗？如果能帮到你的话，我们都会不遗余力的。"

这样，晓静就打开了话题。

晓静从小就聪明，接受了父母的精心培养。用她自己的话说，她在上幼儿园时就显得比较早慧了。在幼儿园小班的时候，她就已经能随手拿起画报给其他孩子声情并茂地讲故事了，老师们都叫她"小神童"。父母觉得她资质好，从小到大，给她安排了很多学科班和才艺班，数学、英语、编程、钢琴、绘画、芭蕾，应有尽有。父母说她天赋高，不能浪费天赋。她说自己小时候，也想偷懒耍滑，但每次都会受到父母严厉的批评。爸妈在学习上从不娇惯她。她小时候对父母很抵抗，但渐渐地就习惯了，慢慢放弃了抵抗，接受了这种校内读书、校外培训的生活。

晓静说让她放弃抵抗的，除了父母给的高压之外，还有父母给她的各种奖励。她发现，只要她在课内课外取得好成绩，爸妈就会很开心，就会给她奖励。但凡她想要的，父母基本都会满足。

不过，即便如此，晓静说她一开始也只是对学习用心，并没有爱上考试。对考试上瘾，跟后来父母的矛盾和父母给她的压力有关。

"进入初中之后，我父母的感情出了问题。父亲出轨并且另外有一个女儿。为此父母之间不是争吵就是冷战，家里气氛特别紧张。那段时间，他们之间唯一能交流的话题，就是我的学习。如果我的成绩掉下来了，他们就会互相指责。如果我的成绩上去了，他们的关系多少会缓和一点儿，偶尔也能在他们脸上见到难得一见的笑容。所以，那段时间，我的成绩就是他们关系的黏合剂，我的学习就是我们家的救世主。"晓静陷入了回忆中。

"我那时候就想最好多一些考试，多拿出些好成绩来给他们看。我不希望他们离婚，我也不希望另一个女儿取代我在爸爸心里的位置。因此，在初中阶段，我提高了对自己的学习要求，并开始主动寻求考试。有时学校考试太少，我就在机构里要求老师增加测试。如果老师不考试，我就会很失望。在这种情况下，父母的关系差不多维持了一年。可最后，他们还是离婚了。离婚后，我跟爸爸住在一起。后来爸爸再婚，我就跟爸爸、继母和同父异母的妹妹生活在了一起。"

依据晓静的陈述，她喜欢上考试，是因为父母对好成绩的各种奖励，而她考试上瘾则是源于父母关系的恶化，她想用自己的成绩去缓和并维系父母之间的关系，她觉得自己可以用成绩来拯救这个三口之家。为此，她奔波在各种考场里。

"那么，你爸爸再婚后，你就不需要用考试成绩去维系他和你妈妈的关系了，对吗？你是不是觉得可以放松点儿了？"

"并没有。爸爸再婚，其实对我的要求并没有改变。反而因为爸爸最终和继母走到了一起，妈妈对我的要求更高了。妈妈觉得如果我考差了，还怎么比得过那个女人的女儿？她需要我给她争口气。我也要求自己一定要学习好，要用成绩碾压同父异母的妹妹，让爸爸意识到我的好。所以，我对考试的执着并没有得到缓解，反而，一直都在加强。"

"这样的状态，会很痛苦吧？"

"是的，特别是进入初三后，就更痛苦了。我从初三开始意识到我恐怕是出问题了。初三的一模考试，我没有考好，感到了极大的痛苦和压力。中考前，我几乎是没日没夜地备考，好在中考还是顺利上了岸，进了理想的高中。可是，上了高一之后，我感觉学业压力更大了。高中不比初中，重点高中同学实力都很强，我并没有那么高的天赋能轻易超越他们。我唯一能做的，就是不断延长我的学习时间。靠时间延长、超前学来获得理想的成绩。可是，这样做真是太累了。最近一次考试，我穷尽一切努力，还是没有达到我想要的成绩。我终于意识到，这样做根本不可持续。我就想彻底放弃这种没有终点的日子，放弃考试，放弃我自己，就发生了这件事。"

晓静考试上瘾的背后，有复杂的家庭原因。她对考试寄予太多附加值，期望通过成绩维系父母的关系，保住父亲对自己的爱，当然她也在其中享受自己的成果，感受到自我的肯定。她被父母和自己，赶上了一条需要不断考试，不断证明自己的道路。可是这条路注定了遍布荆棘，没有终点，黑暗无边。

跟孩子爸爸的交谈，也得到了大致相同的故事背景。只不过，在孩子爸爸的认知中，女儿是个积极上进、求知欲强、天赋很高的乖巧女儿。这些年，他们为了女儿，也牺牲很多。资金投入自不必说，精力投入也是巨大的。他和前妻几乎是天天围着女儿转，一切以女儿的学习和发展为核心。女儿天分这么好，孩子的爸爸说他们付出多少都值得。

只是这位父亲万万没想到，他们对女儿学习的过度重视，竟让女儿走上了考试成瘾的道路。他也没想到，自己的生活及他跟前妻的冲突，竟让女儿陷入绝望和无助，最终掉入"嗜考症"的深渊。

这位父亲从老师那里听到女儿的心路历程后，迟迟无言。

老师后来也约了孩子的妈妈，孩子的妈妈被女儿的自残行为所震慑，也开始检视自己的言行带给女儿的巨大压力。

在后来的日子中，这位爸爸带着女儿进行治疗，他和前妻也多次来到学校，家校携手保持着对孩子的关注和沟通。晓静后来渐渐恢复了正常的学习状态，平稳地渡过了最危险的时期。

观察与沉思

学习的意义到底是什么？我们为什么要学习？

接触到这个案例的时候，这个问题就一直萦绕在我的脑海里，挥之不去。

本案中，孩子的爸爸妈妈给出了答案，孩子也给出了答案，但是，他们的答案共同把孩子逼入了"嗜考"的深渊。

到底，我们是为了什么学习？这个问题很值得思索。

从这对父母身上，我们看到了很多父母的影子。他们为了孩子，不惜投入巨资，不惜搭上自己和孩子全部的时间，还会经常跟孩子"苦乐共担"——孩子取得好成绩，父母骄傲；孩子成绩跌落，父母忧虑。

父母把学习的价值，等同于取得成绩——包括但不限于分数、证书、奖状、孩子被老师表扬……案例中，孩子也继承了父母的价值观，将取得好成绩等同于自我认同，等同于父母关系的改善，等同于可以换来"奖赏"。

但是成绩真的就等于学习本身吗？

当然不是。

那么，我们为什么要学习呢？

说到底，还是为了成人、成才。

但是，成人、成才就等于学习成绩吗？

当然也不是。

《中华人民共和国家庭教育促进法》提倡，父母或者其他监护人要帮助孩子树立正确的成才观。但什么是正确的成才观？并没有标准答案。

关于"人才"，我想不妨做个字面意义上的最浅显的理解。

所谓"人才"，是"人"和"才"的结合。只有是"人"，又是"才"，才是"人才"。也就是说，只有"成人"，才有"成才"。

家长想让孩子"成才"，首先要把孩子当成一个丰满的"人"来培养，"成人"之上，才可"成才"。

可是"成人"又需要怎么做呢？当然需要学习和养育，但这种学习和养育必须是立足于"人"的立体需要，给他全方位的教化，全面的养成，要给孩子德、智、体、美、劳全面的发展时空，不可偏废，执着其一。只有这样，孩子才可能成长为一个立体的、结实的、立得住的"人"。

所以，学习从来不是单纯为了成绩而存在，成绩只是学习过程的一个附属物而已。通过学习，丰满自己，发展自己，让自己成人，才是学习的应有之义。

案例中，我们也注意到晓静父母为了让她成长，也给她安排了各种各样的课程，跳舞、画画、习字、弹琴……可是这些课程真的与"成才"相关吗？它们难道只是一种"才艺"而已吗？如果孩子不是真心喜欢并乐意钻研它们，那大概率也只是一些小才艺而已。

"才艺"之"才"与"人才"之"才"，其意思怕是相差十万八千里。

20

看不见孩子，
等不来花开

楔子

"为什么我的努力妈妈总是看不见呢？"是孩子出了问题，还是我们的家庭教育出了问题？

等待，是一种心态，是家长一种良好的心理素质，也是一种笃定的教育能力。只有稳得住的家长，才能借助时光的雕琢，等来孩子青春盛开。

这一天，我正在一所顾问学校给初中生上法治拓展课，我讲述的是两个盗墓的案子，孩子们听得津津有味。原本只有二十几人报名的自选法治拓展课，现在教室内座无虚席。用学生们想听的、有趣的案子，以案说法律，以案说人生，孩子们非常感兴趣。

下课后，我走出教室，一名学生追了出来，向我要了微信号。

晚上，我收到了这名学生的微信。

"李老师，我想问您，如果我想摆脱母亲的监护，可以吗？"

这些话引起了我的关注，就立刻跟他通了电话。孩子说，他母亲也是一名老师，父母离婚后，母亲对他的监护让他感觉密不透风。他跟妈妈的关系不好，经常吵架。在挂断电话前，我征求孩子的意见，可否由我出面约他妈妈谈谈，孩子同意了。

第二天上午，我约了这位妈妈见面。刚坐定，这位妈妈就讲道："李老师，其实我昨天也想找您的，我也想请您出面跟孩子谈谈，只是昨天有事耽误了。"这倒是很令我意外，不知道发生了什么情况。

据这位妈妈陈述，前天晚上，她跟孩子之间起了激烈冲突，孩子拨打了报警电话。昨天孩子整个上午都没去学校，下午因为有我的拓展课，孩子才去了学校，孩子一直对法治拓展课很有兴趣。所以，她想孩子既然喜欢我这位老师，如果我能出面跟孩子沟通一下，说不定会对她的家庭有帮助。

我就让这位妈妈陈述一下事情的来龙去脉。

原来，孩子的妈妈是一名体育教师，专业是散打。她的性格就和她的专业特点一样，直接、干脆。原本他们有个幸福的三口之家，但是前些年，丈夫在外边借了很多高利贷，骗她说是为了周转生意，让她在很多借条上签了字。后来债务还不上，她和老公反复被人逼债，家无宁日，人身安全也受到威胁。她还打过官司，可因为她本人签过字，几个官司都输了。无奈之下，她只好跟老公离了婚。

离婚后，她为了自身和孩子的安宁，调动了工作，搬了家，更换了自己和孩子的手机号码，跟前夫断了往来。为了让儿子有个安心读书的环境，儿子小学毕业后，她没有让他去读片区初中，而是以特长生的名义进入了这所中学。这样，一方面，可以避开他父亲干扰孩子生活；另一方面，也能发展孩子的特长，为孩子的升学与发展铺路。而且，这所学校的教学质量比片区初中好，她想让孩子集中精力考个好高中。她对儿子也是千叮咛万嘱咐，一定不要再跟父亲取得任何联系。

可是她低估了父子情谊。孩子的父亲通过各种途径获知了儿子的手机号码后，又跟儿子取得了联系，父子二人竟瞒着她多次见面。

这位妈妈认为遭到了儿子的背叛，就跟儿子起了冲突。

"李律师，我儿子这么做，我挺伤心的。他明知道我坚决反对他跟他父亲往来。我们搬家后，他父亲又想办法找到了我们家，我坚决不许他进门。他要探望儿子，我坚决不肯，为了赶他走，我还几次报警。我儿子明知道我不同意他们见面，他怎么能背着我和他爸爸私下往来？这不是背叛我吗？"妈妈带着满腹的怨气和不满。

"可是父子之情不是说断就能断的，你们离掉的是夫妻关系，不是父子情谊。"

"话是这么说，可我咽不下这口气。再说他找上门来，说不定会给我们带来麻烦，他那些债务都还没还清。"看来这位母亲对于前夫带来的各种麻烦还心有余悸。

"你在他们父子见面后，就跟孩子起冲突了，是吗？"

"是的。我非常气愤，就训斥了孩子。我把他的手机收掉了。没了手机，他就不能跟他父亲联络了。我怕他父亲再找到学校去，所以我现在每天接送他上下学。"

"这样的效果好吗？"

"不算好。儿子不开心。有一次他父亲果然找到学校门口了，我们还大吵了一架。儿子很不开心，从那以后，好长时间不跟我讲话。"

"后来呢？关系缓和了吗？"

"后来关系慢慢好多了。不过，因为特殊时期大家都居家上网课，我们的关系就又不好了。"

她因为是体育教师，自己的课并不多，所以，她就有了大把的时间去关注孩子上课的情况。但是，这一关注，她就发现了问题。

"他上网课的时候，我偷偷看过几次。一次是他在上课期间，跟同学发私信。还有一次是他在上课时间浏览其他网站。我看到后，就提醒他。看到一次，就提醒一次，可我发现他屡教不改。后来当我再次看到他上课看手机的时候，我就冲进他上课的房间，夺走了他的手机，怒斥了他几句。可我忘了，他上课时是开着麦克风的，全班同学都听到了我对他的怒吼。

"后来，他的班主任给我打来电话，我才知道这个情况。那件事后，我跟他道了歉，可他不肯接受。

"不知道他是不是故意跟我作对，过了几天，我又发现他课上注意力不集中。我忍无可忍，就又说了他几句重话。可是那次，我发现他存心给全班同学现场直播，让他的同学们都听到了我们的争吵。

"后来，他的班主任又跟我多次沟通，说全班同学都知道了我训斥他的经过。让我注意家庭教育的方法，可我听了就特别气。我知道我儿子那次是故意那样做的。"

"当出现上边这种情况时，你耐心地跟他沟通过你的想法吗？当然不是以这种训斥的方式。"

"没有，我控制不住。"

"那这件事怎么解决的？你总不能每次都跟他争吵。"

"后来，我就在他的房间里装了摄像头，我不进入房间，也能监控他的一切。他上完课，我就可以告诉他，他什么时候又开小差了。"

"你这么做，孩子是不是跟你更对抗了？"

这位妈妈沉默着，没有说话。

"最近这次冲突，你儿子为什么会拨打报警电话呢？"我问这位妈妈。

"因为他爸爸最近见不到儿子，又找到家里来了。我赶他走，他不肯走。这次是儿子拨打了'110'，他跟警方说是我阻碍他父亲探望他，不能保障他跟父亲的探望权利。民警来了以后，对我们进行了调解和劝导，他父亲才走的。"

孩子的妈妈说到这里，我终于明白了孩子为何会说"我不想让妈妈监护了"。孩子大概是想变更自己的抚养权，从母亲名下变更到父亲名下。但父亲至今债务未清，居无定所，也难以实现这种变更抚养权的愿望，所以，他才含糊地询问"不想让妈妈监护了，行不行？"

通过这位妈妈的陈述，我大致明白了她和儿子紧张关系的由来，也明白了孩子所说"妈妈对我的监护密不透风"的含义。

离婚后，孩子的妈妈把她对前夫的不满，掺进了前夫跟儿子的关系里。她希望阻断父子关联，为此收掉儿子的手机，全天接送，封堵了孩子跟父亲接触的物理通道。这是孩子说的"密不透风"的含义之一。而在上网课期间，这位妈妈无死角无休止地对孩子的网课状态实施监控，这大概是孩子说的"密不透风"的另一层含义。但孩子是怎么看待这些问题的，还需要听听孩子本人的看法。

征得孩子妈妈同意，我跟孩子又有了一次单独交流。

"李老师，我知道，妈妈是为我好，可我就是讨厌她这样。我和爸爸其实都不是她以为的那样。她只知道一味否定我，一味否定爸爸，她总是看不到我和爸爸都在努力。"

孩子一开口，令人意外的是他并非如他妈妈所想的那样，是因为站队父亲才来对抗妈妈，也不是故意想让妈妈出丑，相反，他很在意妈妈的看法。他最在意和失望的是，妈妈是带着成见在曲解他和父亲。他和爸爸的努力，他妈妈从来没有看到过。

依据孩子所说，他的爸爸并非不知悔改的人。离婚后，爸爸一直在认真工作。上次爸爸来看他的时候，还说债务基本还清了。爸爸也很懊悔，当初急功近利，才让他和妈妈的生活受到了影响。可当他把父亲这些情况转述给妈妈，妈妈却堵起耳朵不想听，她不相信父亲会有改变。不管怎么说，他们离婚了，妈妈不听，孩子也没有办法。但是，对孩子来说，爸爸永远是自己的爸爸，妈妈没有权利阻断他和爸爸的往来，也没有权利强迫他和妈妈一起伤害爸爸。

说起自己的学习，孩子觉得自己的努力妈妈也从未看到过。因为在他小学毕业那一年，父母不断打官司，闹离婚，他的学习也受了影响，升入初中时他的基础并不算好。进入新学校后，他也决心有一个新的开始，所以一直都在努力上进，但他没办法立刻就扶摇直上。网课期间，妈妈看到他发私信，是因为他和同学是一对一小组，老师课上提问的问题，他有了答案后，就发给同学帮忙看一下是否准确。妈妈看到他浏览网站，是因为老师给了一个课题，线上分了小组讨论，他在小组内的分工就是负责在网上搜索信息，之后交给小组成员一起整理，形成讨论报告。可是妈妈不分青红皂白，就认为他上课不认真、开小差，对他横加指责，还让很多同学在线听到妈妈对他的怒吼，他内心非常抵触。妈妈为什么就看不见他正在努力呢？

孩子说："妈妈越督促，我就越心烦。我心里就是有一股别扭的劲儿。"

"我发现，妈妈越不管我，我就越有自己的节奏，我越能按照自己的节奏来提升。可是，妈妈越鞭策我，我就越不愿意动。她越是焦虑和暴躁，我就越不想顺她的心意。"

孩子说自己也不知道是从什么时候开始这么想的，但妈妈就是太让人心烦了。

"我有时就在心里对着妈妈喊：你作为妈妈，就不能有一点儿耐心吗？你就看不到我已经在努力了吗？我当然知道要认真听讲，要好好做作业，要复习和预习……我正在这么做呢？你怎么就看不到呢？"

在孩子的理解中，妈妈抢手机、装监控，并不代表着督促，而是代表着对孩子的不信任。"妈妈，你就不能再等等吗？等我自己做到，不行吗？"这是孩子内心的呐喊。

跟孩子谈话结束，我问孩子："你那天是主动不闭麦的吗？"

孩子没有回答。

"那么，前天你报警，是因为一时冲动吗？怎么想起来报警了呢？"

"是因为妈妈对我和爸爸的努力总是视而不见，那天她又干涉我和爸爸见面，情急之下，我就想用一种强迫的方式让她去看见，让警方告诉她我和爸爸的想法。"看来他觉得外界的声音，比他和他爸爸的声音要管用。

"最后一个问题，你为什么喜欢上法治拓展课呢？你妈妈说你昨天其他课都没有来，只来上了这堂拓展课。"我问道。

"因为爸妈打过很多官司，我就想知道打官司到底是怎么回事。后来，上了课之后，我觉得法律有独特的魅力。在法律世界里，每个人都有权利，但每个权利都有边界。有权利，有边界，不就是要求我们每个人都要能看见别人的权利吗？只有看见别人，才能守住自己的边界，不是吗？所以，我从法治拓展课里得出的结论是，看见别人很重要。"孩子给了我一个非常好的回答。

跟孩子聊完之后，我又跟孩子的妈妈做了沟通，孩子的妈妈听完，很是意外，陷入了沉思。

聊天结束时，我建议这位妈妈，既然孩子这么考虑，不如就给孩子信任和机会，静待孩子是否能够给她惊喜。孩子的妈妈答应了。

关于孩子和父亲的关系，孩子的妈妈也表示不会再过度介入。孩子对事物的见解，说明孩子已经成熟了很多，孩子的妈妈也没必要再对孩子过度保护。

后来，在我的法治拓展课上，我注意到孩子的状态非常好。偶尔聊起来，也未见孩子再有什么不愉快，母子的这场危机应该是过去了。

观察与沉思

这个案例告诉我们家庭教育本身就是个慢活儿，急不来。我们不能拔苗助长，急于求成。欲速则不达。

在家庭教育中，父母一定要擅长"看见"和"等待"。

看见，是对孩子基本的尊重，也是对孩子的信赖。只有看见孩子，才能了解孩子，才能有的放矢。看见，是沟通的前提，是亲子关系的基础，也是家庭教育的基础。

案例中的母亲，之所以看不见，是因为心有成见，先入为主，也是因为这位母亲对家庭教育采取的立场是"我以为""我觉得"，而不是"你以为""你觉得"。在家庭教育开始前，她就已经把自己和孩子的立场摆在了对立的位置，把自己摆在了"教育者"的位置，高高在上，把孩子摆放在了"受教育者"的小板凳上。

等待，是一种心态，更是家长一种良好的心理素质，是家长一种笃定的教育能力。只有稳得住的家长，才有心胸，有定力，看得见小处的变化，展望得到远处的发展，从小处出发，往大处着眼，相信时间的力量。

我们家长要相信孩子内心的小宇宙，允许他们通过自身慢慢地生长，突破认知，不断实现自我人生。家长的过度督促，不一定是助力，还可能是阻碍。孩子内心自我的能量，才是"永动机"的源泉，才是家庭教育宝贵的能量之源。

让家庭教育回归它应有的样子，让我们一起静待花开。

后　记

这两年，我一直在工作之余给我兼任法律顾问的各所学校的家长们开设"以案沉思，家庭教育"的系列专题讲座，从开始的1.0版本，升级到2.0版本，现在讲述的已经是5.0版本了。最新版本的讲座，我给它命名为"关注孩子的'生态圈'——以案沉思，家庭教育"，将其归入了我的"法眼看人生"之"青少年家庭问题的呈现与预防"系列。

这类讲座自2021年开展以来，场场爆满。有时候因为家长报名人数太多，只好采用了线上和线下同时举办的方式。据某所学校统计，我为他们开展的开放式讲座，线上点赞量最高达到了1小时17万人次，是该校历年来最火爆的讲座。

每场讲座结束后，家长们都迟迟不肯离去，希望能继续交流。家长们反馈，他们喜欢我用身边的案子来启发家庭教育问题，故事都是他们感同身受的身边事，也都拉开了一定的时间跨度，故事渗透着对人生的思索。所以，他们说效果很好，操作性强。这也是促使我做这本律师观察录的原因之一。

在讲座中，我时常会跟家长们分享中外两位教育家的两段话，这两段话对我有深刻的影响，在此也分享给读者。

一位是上海著名的教育家吕型伟先生在论述什么是"面向未来的教育"时所持的观点，后来收录在《为了未来——我的教育观》一书中。他论及什么是"人才"时，有一段精辟的论述：

"我认为'人'同'才'并没有必然的联系。因为有的人是'人'又是'才'，这就叫'人才'；有的人是'人'没有'才'，不能叫'人才'；有的人有'才'不是'人'，那么这种人根本不是'人才'。我们现在着眼于培养人才，多出人才，我们希望统一，希望他是人又是才。但是，如果要二者选择一样的话，我的观点是宁可他是人没有才，而不要他有才不是'人'。"

另一位是教育家苏霍姆林斯基，他讲过这样一段话：

"不能把小孩子的精神世界变成单纯学习知识。如果我们力求使儿童的全部精神力量都专注到功课上去，他的生活就会变得不堪忍受。他不仅应该是一个学生，而且首先应该是一个有多方面兴趣、要求和愿望的人。"

两位教育家其实都在论述一个观点，就是什么是科学的成才观。从我们家庭教育的角度就是把孩子培养成什么样的人的问题。所谓"人才"，只有在先"成人"的基础上，才能"成才"。而要"成人"就不能只局限在单纯的知识学习上，孩子要成为一个综合的、立体的、大写的人，成为一个既能拥抱自身幸福，又能对世界有所贡献的人，才是真正的"成人"！

为此，我个人认为，家庭教育的根本目的，就是要培养一个全面健康发展的"人"。用《中华人民共和国家庭教育促进法》的概念来界定的话，所谓家庭教育，是指父母或者其他监护人为促进未成年人全面健康成长，对其实施的道德品质、身体素质、生活技能、文化修养、行为习惯等方面的培育、引导和影响。因此，家庭教育的内容是全面的，涵盖各个方面。家庭教育的方式是潜移默化、随时随地发生的。家庭教育本质上急不得，缓不得，我们家长既要做到"好雨知时节"，当发再发，还要做到"润物细无声"，浸润、培育、引导和影响。

为此，家长要在尊重孩子的个性、维护他们的尊严、了解他们的处境的基础上，遵循教育规律，增强自身的学习、反思和教育能力，合格地担当起他们在未成年时期的保护者、教育者、引领者，也成为他们互动互育的伙伴。

身为家长，我们都在学习的路上。

愿这本律师观察录中的实例，能给大家以启发。

最后，要特别感谢我的先生和儿子，他们对我的工作提供了充分的理解和支持。身为律师，除了处理繁忙的本职工作外，我还在教育领域做了很多的服务拓展，因此也额外占据了很多家庭时间。但好在家人理解我，支持我，给了我自由的时间和空间，也给了我很多好的建议。

特别是我儿子自身的成长经历，也给了我很多启发和思考。当遇到一些青少年问题时，我也经常征询儿子的看法，他给我的建议常常都是建设性的，非常有实践价值，并且有助于我调整理念层面的认知，让我受益良多。在我为青少年开设相关"法眼看人生"课堂时，我也常在选题方面征求他的意见，他是我保持与青少年心灵相通、共情共鸣的法宝。

儿子让我有能力找到一条与青少年心有灵犀、思维互通的蹊径。

我想，只有青少年的大门向我们敞开，我们才能看到家庭教育路上的坦途与暗礁，寻觅出一条光明的大道。

所以，虽是育儿，但也被儿子教育，我们一起走在相互教育的路上。